宅运之小户型
蔡上机／著
中国画报出版社
CHINA PICTORIAL PUBLISHING HOUSE

目录 CONTENTS

床头有背靠象征有进可攻退可守的根本

在内明堂摆放黄水晶，可招财气

目录 CONTENTS

厨房有秽气就会充斥宅内每个角落

每个人都能找到自己的好风水

第七章
小户型大变身——小户型改造个案

第八章
不同需求的家居风水

目录 CONTENTS

浴厕最好干湿分开

白光具有提升创造与理性的能量

第九章 运用家饰家具开运旺宅

第十章
开运风水实例诊断

附录
流年风水的开运布局

第一章

CHAPTER 1

买房租房的十大风水判断标准

买房或是租房都可说是人生大事，因为居住环境的质量、居住房屋的格局，都会对人的生理和心理状况产生极大的影响，所以在第一章中，首先就要告诉读者在买房或租房时，房屋风水的优劣判断与选择标准。

当我们有更多标准和经验可以提供选择时，相对地就不会选择到有缺陷或是有问题的房屋。除非您非常喜欢这间房屋或是附近环境相当符合您的需求，那我们就只好用破解的办法来解决了。

房屋风水优劣标准

好的风水能够协调、帮助或激发住在该风水环境里的人的脑波，甚至推及脑神经、脑细胞，并影响人的“心理、生理”的能量（人体磁场），让居住在该环境里的人更具智慧、灵性与行为能力，并且能灵活地运用到生活中去，使得个人的财运、工作事业、恋爱婚姻、健康等更为圆满。

第一步：观察居住环境
买房或租房前必须先做好居住环境品质的调查

第二步：了解居住的生活机能
居住环境的生活机能会影响到生活品质

通常我们在选择或判断房屋时，会从禁忌的角度来挑选。因为完美的房屋少之又少，一般来说，只要房屋没有严重的风水禁忌就可以选择了，根本没必要追求完美的风水，尤其在现代都市丛林中有太多太多的忌讳，每间房屋或多或少都会有缺陷和毛病，只要能够避开无法破解的禁忌，就已经算是相当不错了。

以下我们所提供的方法非常简单，不必请专业的风水老师也能够自己判断。首先，我们可以把居室分成里外两部分来看：一是外观部分，二是内部结构。

所谓的外观，可以分为本宅的外观，也就是站在房屋外面，来看您所属意的这栋建筑物，观察这栋建筑物的外表，看看有没有禁忌问题。另外就是本宅的外围环境，也就是站在这栋建筑屋里，由房屋内往外看，看看外面的环境状况如何，查看本栋建筑与周围相邻建筑的相互关系，看是否协调，看其他建筑对本楼有无不利影响，比如采光遮挡、尖角冲煞、房后临水、出门爬坡等风水上的大忌。再查看整栋大楼的外观造型是否有大的缺陷，从风水学上来讲，居民楼一般以东西走向的长方型为最好，正方型次之，椭圆型也可，其他稀奇古怪

第三步：调查附近的交通便利性
交通便利性也需要先做调查，以免因为不便利而让生活受到影响

第四步：从房屋的外观先判断风水的优劣
房屋的外观可以分为建筑物的外表与外围环境

的形状会有各种不足，对办公或许影响不大，但住房最好不要考虑。

在内部结构的部分，我们可以从大门进入，来检查内部的状况，看看梁、柱、空间、采光或是格局是否方正等。基本上，这些外观和内部结构的观察，就是我们要买房或租房的首要条件。想要观察房屋的风水优劣，就必须从这些地方先着手。

此外还要考虑布局与气场。一定要以人口数量来决定住宅面积，不要盲目求大，否则且不说给自己造成过重的负担，单就风水学上说，房小人多，这样的房子人气旺，阳气兴盛，不但有利健康，而且旺财旺业；房大人少，这样的房子可能会阴气太重，很易不利健康。如果房间太多，

第五步：内部结构是风水的第二个观察重点
检查内部风水可以从大门进入开始，先观察梁柱与采光

第六步：室内设计的格局也会影响到居家风水
格局是否方正或是每个空间的规划都会影响到居家风水

人口又少，有空房，因为心理作用，有时难免横生怪异现象。

建筑外观要选择平实、方正的，若无特殊需求，不要随意改变房屋外观

买房租房的十大禁忌条件

房屋的格局和种类非常多，不好的、煞气重的风水很难一一详细说明，以下特别归纳出十项最严重、也最普遍可见的风水禁忌，在买房或者租房选择时一定要特别注意，让自己在一开始就能做出正确的判断，才能省去之后寻求破解办法的麻烦。

煞气重的房屋

风水影响：容易有车祸意外，或是面临敌对者、同行强烈的挑衅和竞争，使人际、公共关系产生对立。

刀口煞

被激光或强光直接射中的房子
光射煞

如果房屋被镭射光、投射灯，或是强光照射，甚至被强光直接射中，时间达三个月以上，就会对房子造成影响。因为风水的好与不好都需要三个月以上的时间才能产生能量，所以如果这个外在因素拿掉了，或是消失了，那么影响力自然也就不存在了。

以京华城为例，京华城的外观布满五颜六色的灯光，灯光可以照射的范围很广，房屋若位于与这个光平行的地方，灯光一定会最刺眼，站在不同角度的话，或许不会这么刺眼，所以位于投射光平行高度照射到的区域，受影响的程度一定会最大，当然煞气也就最重了。

被刀口、壁刀屋角劈中、射中的房子
刀口煞

此处所指的刀口，和一般的壁刀不同，指的是三角形建筑交会后所射出的角度。

一般我们所称的壁刀，是指两面墙交会后所形成的九十度角，九十度角的壁刀和这种尖锥形建筑物的刀口相比，尖锥形建筑物角度更尖锐，所以形成的煞气更重，虽然一般的壁刀、屋角，都会对射中的房屋造成影响，但与之相比，尖锥形建筑物的刀口煞气最重。

这种尖锥形建筑物的本身并不会有问题，而是被这栋建筑物的壁刀劈中的房屋，才会受到强烈的影响。但一般来说，除了特别的设计或是因土地产权关系，尖锥形的建筑物并不常见。

被弧形马路、桥梁的弓点射中的房子
弓箭煞

弓箭煞

以形状来看，弧形的马路和桥梁就像弓箭一样，弧形弯度最大的地方就是弓箭点，所以弧形马路、弧形桥梁的弓点，都叫做“弓箭煞”。

一般平面道路所形成的弓箭煞，影响到的区域、房屋只有一楼，但若是桥梁的话，那么直接影响到的就是与桥梁平行的楼层。

另外，弓箭煞的影响力还会依道路或桥梁的使用方式有所区别，如果桥梁和马路都是行车使用，那么影响程度相同，只有楼层高度的差别而已；但若桥梁是用做城铁行驶的话，因为城铁有电场，所以这种高架桥所产生的煞气，会比其他弓箭煞的影响更重、更大。

镜射煞

被大厦镜面玻璃帷幕反射到的房子
镜射煞

一般来说，目前商业用的办公室多会使用镜面的玻璃帷幕，镜面玻璃有反射功能，并且会反射太阳光，所以被玻璃帷幕直接反射到的位置，影响会最大。除非被反射到的建筑物本身也使用镜面玻璃，同样可以达到破解的效果，不然若是一般外观的建筑物，只要太阳光一照射对面大楼的玻璃帷幕，太阳光经过聚集、反射之后，形成的影响会更大，被射中的房屋就会受到磁场和能量的影响。

一般来说，普通的住宅多半不会位于这种建筑

天箭煞

物的附近，玻璃帷幕多会使用在商业区以及办公大楼林立的商务区中，而且这种外观对建筑物本身有好处，可以达到挡煞的效果，若是碰到之前所提到的强光、壁刀或弓箭煞，都可以将这些煞气一一化解抵消。

正对巨高铁柱的房子
天箭煞

如果在住家的外围区域正好面对有巨型的高大铁柱，即形成所谓的“天箭煞”。尤其是高大铁柱或是高尔夫球场的网杆正好正对进出口大门，煞气更为严重，若是对到侧边、房屋后面的话，影响则较小。

所谓对到，是要以实际状况为主，不能用视觉角度来评估。因为我们的视觉是广角的，只要在视觉范围内，杆子位在门口前的任何角度，我们都会觉得受到影响和压迫，但天箭煞需以实际的角度为主，看得到不一定是有对到，要在大门直线拉出的范围和角度，里才可算形成煞气。

虽然巨高铁柱并没有电流，也没有磁场，不过却会对人的视觉产生刺激，对心理产生威胁和压迫，久而久之，对身心都会产生不良的影响。

正对两栋楼距间缝的房子
天风煞

这种现象在目前也是相当常见的。所谓天风煞，可能形成的原因有好几种，一种是在小区型建筑物中，可能在两栋建筑物中间形成的走道，另一种则是建筑物与建筑物之间的防火巷。

天风煞

住宅区一定要远离发电厂

天风煞形成的原因在于空气的对流，对流越快风速越大，在越狭窄的空间中风速会越强，风越大在间缝中的挤压越强烈，形成的压力就越大，因此从中灌出来的强度就越大。所以若房屋正对两栋建筑物中间的缝隙(而且这缝隙需小于本宅建筑物的宽度才能算数)，那么其中的住户必定会受到相当大的影响。

正对电力发送厂、高压电箱、高压电塔的房子 影响身心健康

若以影响力来区分，发电厂发送出的电力最强，其次是高压电塔，而高压电箱则属最低。

不管发送出的电力强或弱，因为所有的电都是从发电厂发送出来，经由高压电传送到高压电塔，然后才是电箱，所以这几项都带有电场。带有电力的物体若正对住屋，则属于一种煞气，因为电力会强烈干扰人的生理和心理，长期住在这种环境中，不管对健康还是精神都会有很强的破坏力。

高压电塔及发射台皆为冲煞物

正对电信、卫星基地发射台的房子 干扰脑电波、内分泌等人体内部系统

电信、卫星所传送的是电波与上述的电力不同。直接接触电力会对人体造成伤害，但电波不同，电波会干扰人的脑电波、内分泌等内部系统，所以房屋周围若有电信或卫星基地发射台，必定会对居家以及个人造成影响。

另外电波也可能会经由电线传送，而电线是一根一根的，对视觉神经来说也是一种刺激和威胁，让人感觉相当不舒服。如果楼层高度差距较大的话

还好，但如果楼层高度相当，而且对面的电线正好正对着住所，那么造成的煞气就更强了。

正对公安局、派出所的房子
煞气重

因为公安局是打击犯罪的机关，里面必然会有很多的枪械，也就是致命性的武器，虽然这里是保护人民、维护治安的地方，但地方问题和纠纷都需要在此解决，因此具有危险性、带杀气，所以也会形成煞气。

在选择房屋时，最好不要选择公安局正对面或是紧邻公安局的位置，商铺若是开在公安局旁边，多半生意难经营，很难兴旺。

冲气重的房屋

风水影响：容易让人生前途的发展面临威胁、挑战和障碍

一般来说，冲气可以分为两种，一种是由地理环境造成的路冲，另一种则是电线杆所形成的冲气。居室若正对这两样冲气，都会让里面住户的前途发展受到威胁。

正对路冲的房子
人生前途的发展直接面临挑战

路冲

大门打开直接看见大马路直直地刺过来，或者是看见小路、楼梯直接刺过来，就是所谓的“路冲”。路冲是比较麻烦的，如果来往的车辆或者其他的什么没有刹住，就直接撞进来了。路冲如果是位于两栋建筑物之间，建筑物有高度，风便会顺着

电线杆容易产生暗箭煞

此空隙流动，风速越强，冲则越大。

另外马路上有车辆，车辆行驶时会产生很强的磁场，如果拿指南针在旁边测试，路上车辆越多、行驶越急速，那么指南针的偏移摆动就会越激烈。

住家若是正对路冲，等于是风在强烈地冲刷，再加上车辆强烈磁场的影响，里面的住户往往会在前途上遭受到直接的威胁和挑战，事业上通常也难有发展。

正对电线杆的房子 人生前途的发展面临障碍

电线杆所带来的冲气其实与电力并没有太大关系，因为电线杆本身并没有带电(电线才有)，与住家必然也会有相当的距离，所以并不会直接影响到其中的住户。不过电线杆的形状、高度却会对住家产生相当大的冲气，尤其是住家大门正对电线杆，不管是不是要进出大门，就算从室内看出去，都会觉得有压迫感，让人感觉非常不舒服。在里面的住户通常会在前途发展上面临很大的障碍，常有寸步难行的感觉。

阴气重的房屋

风水影响：身体不佳、小人众多（背黑锅、扯后腿、被抓小辫子）

所谓的“阴气重”，不是神鬼，也不是灵学、灵异的阴气，而是整个宇宙间存在的阴阳两股能量和磁场。所以“阴气重”的地方，就代表阳气不重，或是没有阳气的地方，因为宇宙间的阴阳之气必须协调、平衡，过阳或是过阴，任何一种气过盛或不及，都是不好的现象。

房屋若是阳气太重，被阳光直射或是前后穿透的话，也不是一种好的格局。不过人的身体需要阳气胜于阴气，所以房子如果阴气太重，容易造成身体不佳或是容易背黑锅、被扯后腿，甚至是有把柄和小辫子被小人抓到的现象，做事也容易莫名其妙地受到阻碍。

正对或紧邻隧道的房子 易受到较大冲煞

隧道又称为阴洞，因为隧道穿透整座山，虽然是在地面上，但是位于土堆的下方，等于被埋在山里头，属于阴暗的地带。住屋若是正对隧道口或是紧邻隧道，因为隧道本身也有车辆经过，车辆会夹带风的流动，所以隧道口的风速会特别强，因此住在这里，受到的冲煞会更大。

隧道口的房子受到的冲煞会较大

正对或紧邻殡仪馆的房子 住家、商铺难兴旺

殡仪馆属于阴地，因为殡仪馆是放置往生者的地方，也是个哭丧的地方，此处会释放出哀伤、悲痛的能量。能量是无形的，所以殡仪馆会笼罩着悲苦的气氛，如果住家正对或是位于殡仪馆旁边，因为容易受到此种气氛的影响，不管是住家、商铺，自然也就很难兴旺了。

住家和商铺很容易受到殡仪馆的悲伤气氛影响

正对或紧邻庙宇的房子 宜商铺，不宜住宅

庙也属于阴地，不管里面拜的是什么神，因为拜的不是生人，而是过往的古人，所以气氛一定会较诡异，这种气就可以称为“阴气”。

庙宇周围只适合商家，不宜居住

庙宇是一个祭拜的场所，因为拜的不是真实的东西，而是一个偶像，人的念力会聚集在这个地方，这股气虽然是我们的眼睛看不到的，但同样属于一股阴气。

庙宇可为地方带来繁荣，但庙分很多种，大庙可以带来人潮，附近的商家也会比较兴旺，但是庙宇旁的房屋只适合商家，适合做生意，并不适合人居住。若是住在此地，庙的阴性能量强，住在正对面的话会有冲煞的问题，紧邻庙宇的住家也同样会受到影响。

在荒郊野外的荒凉房子
阳气不盛，阴气升高

荒郊野外很少有人到达，所以人烟稀少，没有人气聚集。荒凉之地阳气自然不盛，阳气不盛，阴气就会升高，所以荒郊野外也属于阴地。

正对或紧邻墓区的房子
阴气较盛，不宜居住

墓区和殡仪馆的性质差不多，殡仪馆是往生者还没有落葬时的暂时住所，而墓区则是往生者下葬后长期居住的地方，墓区尤其人烟稀少，虽然哭丧的气氛没有那么重，但此处更为荒凉，所以同样都是阴气重的地方。

特别狭长或阳光不进的房子
阳气不见，阴气旺盛

狭长型的房屋可能只有前段和后段有阳光，中间部分阳光难以照进；或是房屋只有一部分有阳光，其他空间就算是白天也需要开灯。长期缺乏阳光照射的区域，阳气不见，阴气自然就盛。

压力重的房屋

风水影响：人际关系受阻、业务拓展困难

所谓压力重的房屋，是指房屋位置特殊，可能是位于特高建筑的旁边，或是在低矮房屋中特别高耸突出，在高楼间夹缝生存，甚至是直接位于桥梁之下。不论是以上哪一种房屋类型，住户都会产生受到压迫的感觉，尤其是面对外界时，容易有强大的包袱和发展的压力，在业务上的拓展也难以发挥，人际关系受到阻碍，甚至对任何事情都容易感到力不从心。

在特高楼脚下的房子
视觉、心理上易产生压迫感

我们都曾有这样的感觉，若是站在特高的大厦之下往上看，通常会产生一股相当大的压迫感，就像是站在巨人的脚下一样，全身笼罩在压力之中。

同样地，如果房子位于特高的大厦旁边，就像整间房屋都承受着极大的压力，不仅在视觉上、心理上会产生压迫感，在实际生活中也容易产生相同的问题。

冲天煞

在一片低矮房屋中的高楼
冲天煞

如果是在一片低矮房屋中鹤立鸡群，只有本身的建筑物最突出、高大，也不是好的现象。因为特别高耸的建筑物必须拉旁边低矮房屋的气，就像大人要带许多小孩一样，负担和包袱都会特别重。

挑肩煞

在两栋高楼房屋中间的低矮房子
挑肩煞

相反地，如果是位在两栋房屋中间的低矮房屋，压力会更大、更重。因为受到两边房屋的左右夹制，不仅要扛左右两栋楼所释放出的压力，而且更难以伸展，形成所谓的“挑肩煞”。

桥下的商家一般都竞争激烈

在桥梁下的房子
商铺难经营

桥梁也代表着压力，因为桥梁上有车辆在跑，声音嘈杂，气流急速，并且释放压力，若是单一家商铺开在桥下，通常很难长期经营；但若是集合起来成为一个市场，那么人气才会聚集，才会越来越旺。

不过就算集合成市场，各家商铺的生意也不好做，压力大，竞争特别激烈，就算利润微薄，也会继续削价竞争，店家之间会互相给予压力。

如果住家直接位于桥梁下则更糟糕，几乎难以长期居住。

秽气重的房屋

风水影响：精神郁闷、自闭、人群关系不良

秽气重的地方有三种：一是外观污秽杂乱、视觉状况不佳的地方；二是位在排水沟、猪舍，或是垃圾掩埋场旁，嗅觉状况不佳的地点；三是正对或邻近工业区烟囱旁，容易被乌烟瘴气笼罩的区域。

秽气可以经由视觉、嗅觉，甚至是感觉来影响人的生理和心理，所以只要是秽气重的房屋，都不适合居住。

外部污秽的房子
易产生灰色思想

外部看起来杂乱、污秽的房子，像是被火烧过、外面布满许多像蜘蛛网一样的电线，或是外观斑剥、甚至有油烟熏燎的痕迹，这样的房屋都容易使人对外人际关系不良，心情郁闷、自闭。

因为秽气重的房子会让心理、精神产生问题，让人心情不开朗，容易产生灰色思想，内心容易不快乐，所以相对地自杀率也偏高。

切不要选布满蜘蛛网一样电线的房子

在排水沟、猪舍、焚化厂、垃圾掩埋场旁的房子
易产生郁闷情绪

排水沟、焚化厂以及垃圾掩埋场，都是废水、废物流经或摆放之处，最直接的影响就是嗅觉神经。只要住家紧邻在这些场所，那么自然会被污秽的气所笼罩，气味经由嗅觉麻痹人的细胞，并进一步影响人体脑神经和内分泌系统，让人慢慢地产生郁闷情绪。

住在排水沟旁，极易产生郁闷情绪

正对或紧邻工业区烟囱冲旁的房子
易影响人际关系

如果居住环境整天笼罩在乌烟瘴气之中，尤其是正对着工业区烟囱、或是紧邻其旁，只要是“身处其中”，那么外在的秽气便会影响其内部和谐，不仅会影响对外的人际关系，家庭内部也容易产生争执不融洽的现象。

切不可住在工业烟囱区旁

脉气断的房屋

风水影响：工作、事业、前途没有发展性、容易受到孤立

所谓“脉气断”，就是指无路可通的意思。

路等于脉气，路通气才会通，路若被切断，比如死胡同等，这类地点的气不流畅，脉气是阻塞的，房屋若是位于脉气断的位置上，那么前途必然也难有发展性。

地下室车道穿入本宅下方的房子
车道切断地脉

除了死胡同之外，另一种“脉气断”的状况则是被切断的，比如大楼地下室的车道。房屋若是位于二楼、位于地下室车道上端的话，等于车道切断了本宅的地脉，另外车子还在此进出，所以会有不好的磁场在此流动，对车道正上方的房屋来说影响更为巨大。

地下通道于宅前穿入地下的房子
事业前途直接受到阻碍，易受到孤立

地下通道是在地下开出一条道路，便于行人或是车辆的交通，所以等于

房屋位于地下车道上方，等于脉气完全被切断。

是直接阻断了地脉，把原本完整的地势挖开。若是地下通道正好位于房屋的前面，那么不只代表事业、前途直接受到阻碍，而且也容易受到孤立。风水虽然不会造成决定性的命运，但会因此造成相当的影响，所以切断、分开了地脉之后，也等于造成了两边的对立、鸿沟，让两边形成不和谐的现象。

脉气断的明显例子

死胡同的房子
前途没有发展性

在都市中因为房屋建筑密集，所以经常会产生这样的现象。若是住在死胡同中，因为位于路的尽头，所以也象征着前途没有发展性，事业上相对地也容易遇到阻碍和困难。

山穷水尽的房子
前途没有发展可言

是路的尽头，在郊外较多，路可能弯曲，走到最后无路可走，所以房屋若位于此处，同样地容易受到孤立，前途也没有发展可言。

住中庭狭迫的房子，容易在人际关系上变得孤立

中庭狭迫的房子
较难得到协助

所谓中庭狭迫，是指小区里的中庭空间很窄、很小，而且封闭，气流不通。每一户若都向着中庭，就像是每个人都封闭在这个地方，没有延伸性、向外发展性，等于脉气在此停顿，没有流通，

所以住在这样环境中的人在工作岗位或是人生前途上，都较难以得到协助，且容易受到孤立。

基地陷的房屋

风水影响：运势走下坡、自身努力赶不上外在的打压、金钱难以留住

基地陷落的房屋可分为三种：一种是整间房屋的位置比路面低；一种是室内水平比室外地势低；最后一种则是厨房的地面特别下陷。

不管是哪一种，对住户来说都有运势上的影响，通常都会渐走下坡，运势逐渐低落。

房屋比路面低的房子
运势逐渐萧条

房屋比路面低的情况有两种，有些是只有单独一户在路面底下；有些则是因为地势的关系，所以整排住宅的地势都较平均路面低。不管是哪一种，对其中的住户运势都有不良影响。

只要房屋比路面低，或是位于路面底下，此处住户的运势都会容易往下坡走，并且以一楼为重，因为一般来说，二楼通常就会比路面高，所以对一楼的影响最大。

室内比室外低的房子
努力永远赶不上环境时局的变化

室内室外的分别要以大门为基准，若是室外的地势平坦，但是进入大门后，屋内的地面却比屋外低。这样的房屋格局代表着住户的努力永远赶不上外来的打击和压力，或者是目前的工作在现实环境中难有发展，即使所处行业很景气，自己也追赶不上行业的潮流。

因为室外代表整体环境、外在时局，室内则代表自己，如果自己比外面低，代表没有好的运势来发展自己好的能力，也无法有机会突破现实环境的胁迫。

厨房地面下陷的房子
留不住钱

厨房代表一间房屋的财库，厨房的地面若比室内其他空间的地势低，那么即代表此间房屋的财库不佳，不仅留不住钱，而且也会有钱容易往外流的现象。

厨房代表一间房屋的财库

天罗地网的房屋

风水影响：发展容易受到威胁、重创或是内部容易产生不合的现象

被高压电缆横过的房子
人际业务外交发展受到威胁、挟制

房屋外部若正好被高压电缆横过的话，就好比有东西把你绑住一样。因为电缆就像绳子，再加上有电流通过，所以代表着外界给你的威胁，让住户在对外的人际关系、业务的拓展或是外出时容易受到限制，在发展上也会受到挟制，难以伸展。

高压线横过的房子易受到外界威胁

横梁交错或天花板过低的房子
人生发展易受到重创

每间房屋一定会有横梁，一般格局的横梁会尽量落在四角，但如果房屋内部横梁交错得厉害，而且横梁过多，那么就像是被东西罩住一样，让人有受到压迫的感觉，这就是所谓的“天罗格局”。

另一种天罗格局是梁虽然没有交错，但是天花板很低，低到头似乎快顶到天花板一样，这样的格局会让生活空间受到压迫，让人感觉不舒服甚至有喘不过气来的感觉。

不管是高度的问题或是屋内横梁过多，都会对此处住户产生影响，尤其是在人生发展上难以发挥，甚至可能受到打击和重创。

格局使用、隔间困难的房子
内部不和

如果房屋的内部格局不正，甚至到处都有缺角，那么不仅装潢困难、家具的摆放上会产生困扰，生活空间、质量也会受到相当大的限制。

这种格局的产生可能是因为当初的规划不良，或是本身梁柱的问题使得内部格局不容易装潢或是不好摆放家具，动线（人在室内移动的点连接起来就是动线，优良的动线设计让人移动时感到舒服）怎样都不合适，不仅造成空间上的障碍，也无法让空间做有效的区隔。

如果房屋的内部格局、进出动线让住户产生不方便，或是住起来有不舒服的感觉的话，那么日复一日，不方便和不满的情绪会逐渐累积、蔓延，并且造成心情的不愉快。如此一来，房屋内的住户就会产生不和谐的现象，自然容易发生争执和不愉快。

家中晦气最重的地方就是厕所

楼梯不宜位于房子的正中心

中宫受创的房屋

风水影响：衰事不断，劳苦忙碌，心血管和筋骨关节容易出问题

若是把房子切成九块，那么中宫就是整个房子的中心点。以人体来说，就像是心脏一样重要，如果这个重要位置格局不佳，那么整体运势或是身体状况，都会受到相当大的影响。

厕所位于正中心的房子
衰事不断，易患心脏、心血管疾病

厕所是废弃物的排泄之处，如果房屋最重要的位置设有厕所，可想而知的是，房屋的中心点不干净、不清洁，此处住户必然会衰事不断。而且中宫又等于心脏的位置，心脏血管若是阻塞、不干净，身体必然容易产生心脏或血管问题。

楼梯位于正中心的房子
劳苦忙碌，筋骨关节不良

楼梯是爬上爬下、会劳动筋骨，使人产生疲累的地方，而且楼梯是人上上下下往来走动的地方，所以也是忙碌的位置。如果这么劳累忙碌的格局位于中宫的话，那么就代表此处住户会相当忙碌，并且会筋骨关节不良，甚至易患上高血压。

凶宅

风水影响：释放不好的电波和磁场，易使人产生负面想法

曾经有自杀或凶死的房子
怨气、恨气、恐惧之气充斥，灵异事件频传

所谓凶宅，是指此处曾有人自杀，或是有被杀的悲剧发生。

因为自杀的人往往充满着负面的灰色思想，而被杀的人则会释放出恐惧感以及怨恨的能量，所以此处会充斥着负面能量，甚至是怨气、恨意、怒气，甚至是恐惧之气。

凶宅之所以容易产生灵异事件，和风水并没有强烈的关系，但“气”是有能量的，所以住在此处时，能量会对人的脑部电波产生影响，或在此处形成一股电波和磁场，而这种磁场对人是不好的，当然也就容易产生不好的想法，或是对住户的身体、心理都产生负面的影响。

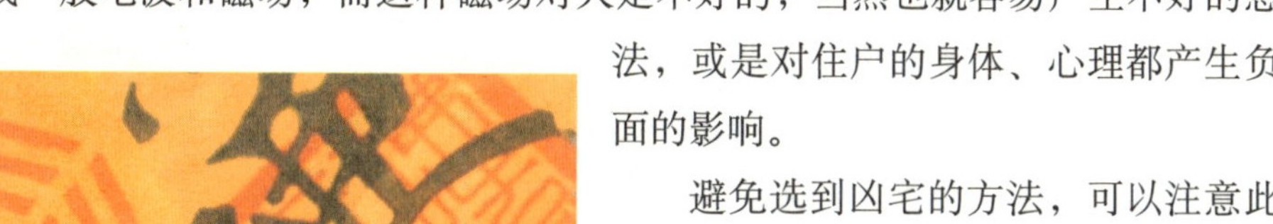

避免选到凶宅的方法，可以注意此处是不是有贴符，或是烧冥纸的痕迹。除非有意消灭痕迹，不然辨别起来应该是没有困难的。

有些住宅似乎都合乎宅运的理论，甚至连居住者的八字五行都互相匹配，照理应是吉宅吉人，但居住却不甚吉利，却又成了“凶宅”，其原因可能是因为：建屋之时有大量树根埋于地下，由于树根会向上生长，但却被屋压制住，故住此屋之人，会运气不佳甚至很难有出头；如果原来长久是做为道路使用，突然改建住宅区，住后容易家道中

现代家居设计讲究的是完美搭配，而色彩对于人的精神和身体都有着潜在的影响，尤其是在居住的环境中，对于人的影响更为严重。正确选择恰当的色彩搭配，能有助于身心健康的保持和正面调节，而错误的色彩选择，可能使不良情绪持续恶化。

落、怪病频生；如果在不干净的泥土（如垃圾堆填区等）上面建屋，对居住者的健康有不良影响；在装修动工时没有择好日子及吉时等。

蔡老师小叮咛

以上是买房或租房时的十大判断标准。这些辨别方法并不是按照优先级或是强烈的程度来排列，只要读者在选房时谨记：选择好风水时不是选完美的，而是要尽量选择没有大瑕疵的。毕竟完美的风水难寻，只要抓住以上十大禁忌，那么必然可以找到舒适、理想并且有助于发展的好住处。

第二章

CHAPTER 2

吉相房屋外部的风水优势

一般人在选择房屋时，多半会有一种错误的想法，就是先考虑这间房屋的方位合不合适，屋内的格局好不好。只注重内部，反而忽略了最重要的部分，也就是土地以及建筑物的外在条件。

在还没有看到方位与格局之前，我们必须先考虑这间房屋的地形地势优不优，房屋外在结构好不好。选了一个地形地势优、外在结构好的房屋，才有资格进一步考虑房屋的方位和格局。如果地形地势不优、房屋结构不好，纵使房屋的方位和内部格局再好，也是美中不足，对于风水的运势助力也不会有太大的帮助。

这就好比在买房租房时，一定会先锁定满意的区域，再从该区域中去找房子，道理是相同的。所以在选择房屋时，一定要先着重于土地条件以及建筑物的外围条件，选择的顺序不可本末倒置。

吉相的土地条件

为什么选择房屋时一定要先考虑土地条件呢？土地有地气，也就是地脉，是地壳所释放出来的能量。人是依赖土地而活的，地脉就像人体的血脉一样，血脉畅通，身体自然健康有活力，而房屋坐落在土地上，就像在吸收地脉的气和能量一样，地气能让房屋有生命力，有旺气，所以我们在选择房屋时，一定要选择畅通、没有中

断的地脉。

当然，目前土地寸土寸金，如果真的无法选择吉地，也一定要避免选到凶地。比如说，如果土地的湿气太重，房屋吸收了土地的湿气之后，就会像人得了风湿病一样，不仅容易老化损坏，住在里面的人也会被湿气笼罩，久而久之，身体的问题和毛病便会一一产生，运势自然就越来越不顺畅。除此之外，地形一定要延续，地面下不可挖坑道、车道、隧道。因为地脉被切断，那么就像血脉不通一样，血脉输送不了氧气，地脉无法顺畅流通，房屋吸不到地气，住户当然也就不会兴旺了。

另外，如果房屋位于土地形势的尽头，不再延续，也就是脉气终尽处，像是峭壁、死胡同等，有路进，没路出，没有出口的话，那么就如同油尽灯枯一样，房屋没有了生命的延续力，好运自然到此截止，无法再延伸。

以下列出几项辨别土地优劣的条件，在选择房屋时必须先考虑以下几项，才能让优良的土地条件，带给我们更多的好运和助力。

地面应比路面高，不宜比路面低陷

我们选择的土地绝不可低陷，一定要比路面高，才能具有优势

如果选择到的土地比外面路面低的话，代表这块土地的气是下陷的，而且是被路面压制的。房屋若建筑在此种土地之上，同样也会被道路欺压，也就代表着运势不只停滞不前，而且还会有身陷泥沼、被压制的情况。

所以我们选择的土地绝不可低陷，一定要比地面高，才能具有优势。而且这股气势会营造气氛，带动心灵和精神的积极性，让住户越发向上，运势才能越来越旺。

地势应在坡路之上，不宜在坡路之下

房屋和人都应该在地气之上，才可吸收到地气的能量

如果选择的是斜坡或是山坡地，那么地势一定要在坡路之上，不可在坡路之下。地势的高低须以路的水平为主，水平以上为佳，水平之下则尽量不要选择。

房屋和人都应该在地气之上，才能吸收到地气的能量，若是位于斜坡下方，因为上面还有更高的地，所以房屋受到压制，不只不能吸收到好的地气，反而会吸收到比较阴的气，不只运势不佳，让事业对外发展受到压制、压迫之外，对人的身体健康也不好，就像住在地下室的人一样，长此以往，一定会有所影响。

房屋在地形上，向阳不背阳

向阳的房屋才能欣欣向荣，带来好的气势和运势

所谓向阳，指的不一定是东方或是太阳照得到的那一面，而是看出去无

从房内看出去，没有遮掩、阻碍、视野宽广的为向阳

遮掩、无阻碍、视野宽广的即为向阳。

向阳的房屋才能欣欣向荣，带来好的气势和运势；相反地，如果是背阳的话，因为背着宽广、开朗、正向的那一面，阴阳相反，怪事就会比较多，阴气重，阳气不盛，那么气势和运势自然也就不佳了。

平坦的地形会让人有安全感

地势应平坦不宜陡峭

陡峭的地形不仅较为危险，居住起来，也会让人产生不安全感

地势陡峭会影响人的心理，让人自然而然地产生压迫感，同时也会让此间的住户较敢于冒险，甚至是铤而走险，做风险较大的事情。

地势应有和风拂送，不宜强风刮掠或死气不流

对流的气应温和，而且必须是流动、不阻塞的

气有两种，一种是空气对流的气，另一种则是地气。

地气当然要畅通流动，位置要稍高，不要受到压制，如此才称得上是优良的地气。

而对流的气则应温和，而且必须是流动、不阻塞的，如果是不流通的死气，那么住户的运势也会受困，无法突破；若此地吹的是较大的风，那么住户则容易遇到逆境，经常有需要克服和挑战的事情产生。

气的好坏或强弱该如何分辨呢？很简单，只要静下心来慢慢地感受，此时皮肤的感觉神经会加倍敏锐。用这样的静心法直接判别风的强弱、以及气的好坏即可。

位于地平面之上的房屋才能吸收到好的地气，对人的运势才能有正面的助力

房屋应在地平面上，不宜深入山坡中

地平面之上的房屋才能吸收到好的地气，对人的运势才能有正面的助力

在土地平面上所释放出的地气，是对人有正面帮助的阳气，也是人和房屋所不可或缺的一项元素；而在土里的则是阴气，对人的身体和运势有不良的影响。

只有位于地平面之上的房屋才能吸收到好的地气，对人的运势才能有正面的助力。如果地势位于山坡下或是深入山坡中，像是地下道、隧道，甚至是住在地下室、斜坡屋或是深入山坡的别墅等，那么人的身体不只会越来越衰弱、问题和毛病越来越多，做事方面也容易受到挫折，甚至会因为吃到阴的气，造成小人多、是非纷争也多的情况。

地形道路要简单顺畅

地形不要崎岖、复杂、迂回、惊险或像死胡同有进无出，会腐蚀人的好运

要辨别地形是否顺畅或是崎岖，可以从远处观察。站在离目标远一点的地方，观察此处是不是有进出入口，生活上是不是便利，会不会感到压迫束缚。如果客观来看，此处地形弯弯曲曲，没有出口，甚至地势危险的话，在这种环境下生活会腐蚀人的好运，并且运势不能活化，未来当然也就没有发展性了。

地域要富足，不宜贫脊、荒废、杂乱

如果居住环境的气场好，那么对于个人的事业状况也会有较好的带动效果

最后，我们所选择的环境区域必须有活力、有生命感，而且具有良好的风气。因为风水具有带动性，可以将此区域优良的、富足的气氛带给个人。如果居住环境的气场好，那么对于个人的事业状况也会有较好的带动效果。

地形和道路要简单顺畅

吉相的建筑物条件

房屋就像人的外型，有高、矮、肥胖、瘦弱等各种体型。房屋的结构就如同人体的架构一样，房屋如果单薄、孤立，没有气势、架势，那么住在里面的人运势必然凋零；如果房屋的形状乖张怪异，住在里面的人运势必然崎岖。

所以我们在选择建筑物时，一定要选择有架势、结构稳固的房屋，如此运势才能壮大，也才能坚实住在里头所有人的好运。

建筑群中被簇拥的房屋

坚实住户的好运，让住户运势日益壮大

被簇拥的房屋，并不是指鹤立鸡群或是特别高耸的，而是指所有的建筑物高度相差不多，唯独此栋建筑物被周围的房屋所拱出。这种建筑物较有气势，可以坚实住户的好运，并且让里面的住户运势日益壮大。

相反地，如果是被矮化的房屋，不仅气势全无，并且受到压制，气无法伸展，所以住在里面的人容易久待基层或是在工作中无法发挥，难以得到伸展的机会。

被左右相拱的房屋

做事易得到较多协助的力量

被左右房屋相拱的房屋，就像是有左右护法或是有人守护一样，做事容易得到助力，再加上外明堂更为宽广，所以对外事业的发展或是人际关系、业务方面，都可以得到较多的协助力量。

如果反过来，住宅被左右房屋往外推的话，则称之为“推车煞”。住在里面的住户容易承受更多的责任、责难，常常会被迫去做许多事情，不仅没有援手，而且后果自负。

方正、坚实、饱满、雄伟、有架势

带动住户的未来运势，房屋与住户的能量互相提升

此种房屋条件可说相当优秀，结构稳固，外观具有气势。这种房屋如同优生学的概念一样，好的房屋具有好的能量，可以带动住户的未来运势，使住户的事业运越来越提升，越来越有发展性，房屋与住户的能量互相提升，可说具有相辅相成的效果。

向阳（视野开阔）的房屋

事业前途更广阔，人际关系更活络

视野开阔的房屋同样可让人眼光放远、让事业、前途更宽广，而且还可让人际关系更活络，前途更有展望。相反地，房屋若是向阴，也就是视野受到阻碍的话，那么前途自然容易受阻，未来运势发展自然就较不顺了。

建筑物外观要大气招展

可以带动人的心情、动力

所谓大气招展，指的是建筑物外观气势够，门面大，看来大方气派。这种建筑物可以带动人的心情、动力，让人可以大展身手，实力也能得以发挥。

相反地，如果选择像牢房一样的房屋，看起来门不像门、窗不像窗，不知何处才是主要的对外通道。这种房屋的方向不明，气无法伸展，住在里面的人当然也就无从发挥了。

外观像牢房的房子

建筑物外观要外膨

有足够的能量抗衡外来挑战

外膨的建筑物(阳台亦可)，就像刚吃饱的肚子一样，有气力、孔武、有实力，可以把气推展出去，所以在面对外来的挑战时，可以有足够的条件与之匹敌。

如果是内弧外观的房屋，就像是没有吃饱、饿扁扁的肚子，这样的房屋没有力量，在面对外界的挑战时，较没有抵抗力和挑战力。

建筑物要背山

行事稳定，不宜招致横祸

背山，就是把山当支撑、当后靠的意思。建筑物背山的话，象征做事稳固，进可攻退可守，行事较稳定，也不容易有意外的危险和灾祸。

所谓撞山的房屋，就是从屋内看出去，房屋与山之间的距离非常近，这样的房屋不仅视野不开，对住户也会形成很大的压迫感，所以事业上闯不开、闯不出去，容易被局限在小框框中无法突破。

建筑物的屋顶要有凸隆向上伸展的架势

易出人头地，崭露头角

屋顶形状隆起，并且有向上伸展的架势的话，代表宅内住户容易得到发展的空间，也会比别人更有机会出人头地、崭露头角。

除此之外，还要注意屋檐不可比别家低，如果他人的屋檐较高，并且会把雨水泄到自己屋顶，此种格局称为“滴血煞”，代表所有不好的灾难容易到身上来，也较容易承受他人不好的气和能量。

楼层数的吉凶选择

买房租房在选择土地、地形、地区以及建筑物架势之后，接着就是考虑楼层数了。住在几楼对运势有较好的影响？好又好在哪里？反之，住在几楼的房屋对自己不利？不好又不好在哪里？

很简单，只要依照自己的“出生年”来查询下面的表格，即可得知楼层数对你的吉凶影响力。

举例说明

女性1957年生，年次后两位数字相加（5+7=12），出生年命卦是“坎命卦”，所以选择的楼层如是“1、10、19、28、37”楼，这些楼层数就是本命中的“伏位”，会带动贵人，得下属助力，顺利安定，且有催子嗣的运势；如果选择的是“2、11、20、29、38”楼，这些楼层数就是本命中的“六煞”，会带来破失钱财，易被贬斥或被劫盗，有烂桃花的运势。如是“4、13、22、31、40”楼，这些楼层数是本命中的“生气”，会带动金钱财运，得衣食享用，百庆吉祥；如是“6、15、24、33、42”楼，这些楼层数是本命中的“绝命”，容易破业败家，招来牢狱之灾或凶难灾厄。

读者们可以依照下列图表来查询目前所住的楼层吉凶，或是把这张图表随身携带，当您要买房租房、选择适合自己的楼层时，马上就可以得知吉不吉祥或是适不适合了。

高层居民的无形敌人是电磁辐射。钢筋混凝土结构迫使来自电器设备的电波沿着房子循环，相当一部分是往上走，直至顶层。因此，高层居民经常头疼或心情不好。理想住宅的标准是：选择楼层最好不要超过六楼，自然景色优美，一边是公园，另一边是秀水。因为树和水都是极好的过滤器，不让尘土通过。

蔡老师小叮咛

风水是一个多元化的结构，是由许多条件要素综合而成的，无论是土地、地形、地区、建筑物外观、楼层数或是内部格局等等，诸多角度所产生的吉凶结果，都只是风水的一种而已，并非等于风水的全部。所以请把土地、地形、地区、建筑物外观、楼层数、内部格局等，当作选择时的参考方针之一即可。因为风水必须结合各种条件，才能断定真正的吉凶好坏，以上所有的风水辨识，都只是提供给读者一个简便的检查方法而已。

<table>
<tr><th colspan="2">出生年次对照数字</th><th>楼层数</th><th colspan="2">吉凶能量</th><th>配卦</th></tr>
<tr><td>男</td><td>女</td><td colspan="4" rowspan="4">出生年为【坎命卦】</td></tr>
<tr><td colspan="2">出生年次后两位相加数</td></tr>
<tr><td>7或16</td><td>3或12</td></tr>
<tr><td colspan="2">出生年次后两位</td></tr>
<tr><td rowspan="10">07
16
25
34
43
52
61
70
79
88
97</td><td rowspan="10">03
12
21
30
39
48
57
66
75
84
93</td><td>1、10、19、28、37</td><td colspan="2">招贵人，得下属助力，顺利安定，催子嗣</td><td>伏位</td></tr>
<tr><td>2、11、20、29、38</td><td colspan="2">破失钱财，易被贬斥或被劫盗，烂桃花</td><td>六煞</td></tr>
<tr><td>3、12、21、30、39</td><td colspan="2">消病解厄，强化健康寿元</td><td>天医</td></tr>
<tr><td>4、13、22、31、40</td><td colspan="2">招金钱财运，得衣食享用，百庆吉祥</td><td>生气</td></tr>
<tr><td rowspan="2">5、14、23、32、41</td><td>男</td><td>破失钱财，易被贬斥或被劫盗，烂桃花</td><td>六煞</td></tr>
<tr><td>女</td><td>小人事非口舌，易遭小偷失窃或火灾</td><td>五鬼</td></tr>
<tr><td>6、15、24、33、42</td><td colspan="2">易破业败家，招来牢狱之灾或凶难灾厄</td><td>绝命</td></tr>
<tr><td>7、16、25、34、43</td><td colspan="2">易生病或生官讼，人生多阻逆劳苦</td><td>祸害</td></tr>
<tr><td>8、17、26、35、44</td><td colspan="2">小人事非口舌，易遭小偷失窃或火灾</td><td>五鬼</td></tr>
<tr><td>9、18、27、36、45</td><td colspan="2">有助工作升迁、事业前途，提升文昌运，开启姻缘，协助婚姻和谐</td><td>延年</td></tr>
</table>

<table>
<tr><th colspan="2">出生年次对照数字</th><th>楼层数</th><th colspan="2">吉凶能量</th><th>配卦</th></tr>
<tr><td>男</td><td>女</td><td colspan="4" rowspan="5">出生年为【坤命卦】</td></tr>
<tr><td colspan="2">出生年次后两位相加数</td></tr>
<tr><td>3或6或12或15</td><td>4或13</td></tr>
<tr><td colspan="2">出生年次后两位</td></tr>
<tr><td rowspan="11">06 57
12 60
15 66
21 69
24 75
30 78
33 84
39 87
42 93
48 96
51</td><td rowspan="11">04
13
22
31
40
49
58
67
76
85
94</td></tr>
<tr><td>1、10、19、28、37</td><td colspan="2">易破业败家，招来牢狱之灾或凶难灾厄</td><td>绝命</td></tr>
<tr><td>2、11、20、29、38</td><td colspan="2">招贵人，得下属助力，顺利安定，催子嗣</td><td>伏位</td></tr>
<tr><td>3、12、21、30、39</td><td colspan="2">易生病或生官讼，人生多阻逆劳苦</td><td>祸害</td></tr>
<tr><td>4、13、22、31、40</td><td colspan="2">小人事非口舌，易遭小偷失窃或火灾</td><td>五鬼</td></tr>
<tr><td rowspan="2">5、14、23、32、41</td><td>男</td><td>招贵人，得下属助力，顺利安定，催子嗣</td><td>伏位</td></tr>
<tr><td>女</td><td>招金钱财运，得衣食享用，百庆吉祥</td><td>生气</td></tr>
<tr><td>6、15、24、33、42</td><td colspan="2">有助工作升迁、事业前途，提升文昌运，开启姻缘，协助婚姻和谐</td><td>延年</td></tr>
<tr><td>7、16、25、34、43</td><td colspan="2">消病解厄，强化健康寿元</td><td>天医</td></tr>
<tr><td>8、17、26、35、44</td><td colspan="2">招金钱财运，得衣食享用，百庆吉祥</td><td>生气</td></tr>
<tr><td>9、18、27、36、45</td><td colspan="2">破失钱财，易被贬斥或被劫盗，烂桃花</td><td>六煞</td></tr>
</table>

<table>
<tr><td colspan="2">出生年次对照数字</td><td>楼层数</td><td colspan="2">吉凶能量</td><td>配卦</td></tr>
<tr><td>男</td><td>女</td><td colspan="4" rowspan="4">出生年为【震命卦】</td></tr>
<tr><td colspan="2">出生年次后两位相加数</td></tr>
<tr><td colspan="2">5或14</td></tr>
<tr><td colspan="2">出生年次后两位</td></tr>
<tr><td colspan="2" rowspan="9">05
14
23
32
41
50
59
68
77
86
95</td><td>1、10、
19、28、37</td><td colspan="2">消病解厄，强化健康寿元</td><td>天医</td></tr>
<tr><td>2、11、
20、29、38</td><td colspan="2">易生病或生官讼，人生多阻逆劳苦</td><td>祸害</td></tr>
<tr><td>3、12、
21、30、39</td><td colspan="2">招贵人，得下属助力，顺利安定，催子嗣</td><td>伏位</td></tr>
<tr><td>4、13、
22、31、40</td><td colspan="2">有助工作升迁、事业前途，提升文昌运，开启姻缘，协助婚姻和谐</td><td>延年</td></tr>
<tr><td rowspan="2">5、14、
23、32、41</td><td>男</td><td>易生病或生官讼，人生多阻逆劳苦</td><td>祸害</td></tr>
<tr><td>女</td><td>破失钱财，易被贬斥或被劫盗，烂桃花</td><td>六煞</td></tr>
<tr><td>6、15、
24、33、42</td><td colspan="2">小人事非口舌，易遭小偷失窃或火灾</td><td>五鬼</td></tr>
<tr><td>7、16、
25、34、43</td><td colspan="2">易破业败家，招来牢狱之灾或凶难灾厄</td><td>绝命</td></tr>
<tr><td>8、17、
26、35、44</td><td colspan="2">破失钱财，易被贬斥或被劫盗，烂桃花</td><td>六煞</td></tr>
<tr><td></td><td></td><td>9、18、
27、36、45</td><td colspan="2">招金钱财运，得衣食享用，百庆吉祥</td><td>生气</td></tr>
</table>

<table>
<tr><th colspan="2">出生年次对照数字</th><th>楼层数</th><th colspan="2">吉凶能量</th><th>配卦</th></tr>
<tr><td>男</td><td>女</td><td colspan="4" rowspan="4">出生年为【巽命卦】</td></tr>
<tr><td colspan="2">出生年次后两位相加数</td></tr>
<tr><td>4或13</td><td>6或15</td></tr>
<tr><td colspan="2">出生年次后两位</td></tr>
<tr><td rowspan="10">04
13
22
31
40
49
58
67
76
85
94</td><td rowspan="10">06
15
24
33
42
51
60
69
78
87
96</td><td>1、10、
19、28、37</td><td colspan="2">招金钱财运，得衣食享用，百庆吉祥</td><td>生气</td></tr>
<tr><td>2、11、
20、29、38</td><td colspan="2">小人事非口舌，易遭小偷失窃或火灾</td><td>五鬼</td></tr>
<tr><td>3、12、
21、30、39</td><td colspan="2">有助工作升迁、事业前途，提升文昌运，开启姻缘，协助婚姻和谐</td><td>延年</td></tr>
<tr><td>4、13、
22、31、40</td><td colspan="2">招贵人，得下属助力，顺利安定，催子嗣</td><td>伏位</td></tr>
<tr><td rowspan="2">5、14、
23、32、41</td><td>男</td><td>小人事非口舌，易遭小偷失窃或火灾</td><td>五鬼</td></tr>
<tr><td>女</td><td>易破业败家，招来牢狱之灾或凶难灾厄</td><td>绝命</td></tr>
<tr><td>6、15、
24、33、42</td><td colspan="2">易生病或生官讼，人生多阻逆劳苦</td><td>祸害</td></tr>
<tr><td>7、16、
25、34、43</td><td colspan="2">破失钱财，易被贬斥或被劫盗，烂桃花</td><td>六煞</td></tr>
<tr><td>8、17、
26、35、44</td><td colspan="2">易破业败家，招来牢狱之灾或凶难灾厄</td><td>绝命</td></tr>
<tr><td>9、18、
27、36、45</td><td colspan="2">消病解厄，强化健康寿元</td><td>天医</td></tr>
</table>

<table>
<tr><th colspan="2">出生年次对照数字</th><th>楼层数</th><th colspan="2">吉凶能量</th><th>配卦</th></tr>
<tr><td>男</td><td>女</td><td colspan="4" rowspan="5">出生年为【乾命卦】</td></tr>
<tr><td colspan="2">出生年次后两位相加数</td></tr>
<tr><td>2或11</td><td>8或17</td></tr>
<tr><td colspan="2">出生年次后两位</td></tr>
<tr></tr>
<tr><td rowspan="10">11
20
29
38
47
56
65
74
83
92</td><td rowspan="10">08
17
26
35
44
53
62
71
80
89
98</td><td>1、10、19、28、37</td><td colspan="2">破失钱财，易被贬斥或被劫盗，烂桃花</td><td>六煞</td></tr>
<tr><td>2、11、20、29、38</td><td colspan="2">有助工作升迁、事业前途，提升文昌运，开启姻缘，协助婚姻和谐</td><td>延年</td></tr>
<tr><td>3、12、21、30、39</td><td colspan="2">小人事非口舌，易遭小偷失窃或火灾</td><td>五鬼</td></tr>
<tr><td>4、13、22、31、40</td><td colspan="2">易生病或生官讼，人生多阻逆劳苦</td><td>祸害</td></tr>
<tr><td rowspan="2">5、14、23、32、41</td><td>男</td><td>有助工作升迁、事业前途，提升文昌运，开启姻缘，协助婚姻和谐</td><td>延年</td></tr>
<tr><td>女</td><td>消病解厄，强化健康寿元</td><td>天医</td></tr>
<tr><td>6、15、24、33、42</td><td colspan="2">招贵人，得下属助力，顺利安定，催子嗣</td><td>伏位</td></tr>
<tr><td>7、16、25、34、43</td><td colspan="2">招金钱财运，得衣食享用，百庆吉祥</td><td>生气</td></tr>
<tr><td>8、17、26、35、44</td><td colspan="2">消病解厄，强化健康寿元</td><td>天医</td></tr>
<tr><td>9、18、27、36、45</td><td colspan="2">易破业败家，招来牢狱之灾或凶难灾厄</td><td>绝命</td></tr>
</table>

<table>
<tr><th colspan="2">出生年次对照数字</th><th>楼层数</th><th colspan="2">吉凶能量</th><th>配卦</th></tr>
<tr><td>男</td><td>女</td><td colspan="4" rowspan="4">出生年为【兑命卦】</td></tr>
<tr><td colspan="2">出生年次后两位相加数</td></tr>
<tr><td>1或10或19</td><td>9或18</td></tr>
<tr><td colspan="2">出生年次后两位</td></tr>
<tr><td rowspan="10">10
19
28
37
46
55
64
73
82
91</td><td rowspan="10">09
18
27
36
45
54
63
72
81
90
99</td><td>1、10、19、28、37</td><td colspan="2">易生病或生官讼，人生多阻逆劳苦</td><td>祸害</td></tr>
<tr><td>2、11、20、29、38</td><td colspan="2">消病解厄，强化健康寿元</td><td>天医</td></tr>
<tr><td>3、12、21、30、39</td><td colspan="2">易破业败家，招来牢狱之灾或凶难灾厄</td><td>绝命</td></tr>
<tr><td>4、13、22、31、40</td><td colspan="2">破失钱财，易被贬斥或被劫盗，烂桃花</td><td>六煞</td></tr>
<tr><td rowspan="2">5、14、23、32、41</td><td>男</td><td>消病解厄，强化健康寿元</td><td>天医</td></tr>
<tr><td>女</td><td>助工作升迁、事业前途，提升文昌运，开启姻缘，协助婚姻和谐</td><td>延年</td></tr>
<tr><td>6、15、24、33、42</td><td colspan="2">招金钱财运，得衣食享用，百庆吉祥</td><td>生气</td></tr>
<tr><td>7、16、25、34、43</td><td colspan="2">招贵人，得下属助力，顺利安定，催子嗣</td><td>伏位</td></tr>
<tr><td>8、17、26、35、44</td><td colspan="2">有助工作升迁、事业前途，提升文昌运，开启姻缘，协助婚姻和谐</td><td>延年</td></tr>
<tr><td>9、18、27、36、45</td><td colspan="2">小人事非口舌，易遭小偷失窃或火灾</td><td>五鬼</td></tr>
</table>

<table>
<tr><td colspan="3">出生年次对照数字</td><td>楼层数</td><td colspan="2">吉凶能量</td><td>配卦</td></tr>
<tr><td>男</td><td colspan="2">女</td><td colspan="4" rowspan="4">出生年为【艮命卦】</td></tr>
<tr><td colspan="3">出生年次后两位相加数</td></tr>
<tr><td>9或18</td><td colspan="2">7或10或或16或19</td></tr>
<tr><td colspan="3">出生年次后两位</td></tr>
<tr><td rowspan="10">09
18
27
36
45
54
63
72
81
90
99</td><td rowspan="10">07
16
25
34
43
52
61
70
79
88
97</td><td rowspan="10">10
19
28
37
46
55
64
73
82
91</td><td>1、10、19、28、37</td><td colspan="2">小人事非口舌，易遭小偷失窃或火灾</td><td>五鬼</td></tr>
<tr><td>2、11、20、29、38</td><td colspan="2">招金钱财运，得衣食享用，百庆吉祥</td><td>生气</td></tr>
<tr><td>3、12、21、30、39</td><td colspan="2">破失钱财，易被贬斥或被劫盗，烂桃花</td><td>六煞</td></tr>
<tr><td>4、13、22、31、40</td><td colspan="2">易破业败家，招来牢狱之灾或凶难灾厄</td><td>绝命</td></tr>
<tr><td rowspan="2">5、14、23、32、41</td><td>男</td><td>招金钱财运，得衣食享用，百庆吉祥</td><td>生气</td></tr>
<tr><td>女</td><td>招贵人，得下属助力，顺利安定，催子嗣</td><td>伏位</td></tr>
<tr><td>6、15、24、33、42</td><td colspan="2">消病解厄，强化健康寿元</td><td>天医</td></tr>
<tr><td>7、16、25、34、43</td><td colspan="2">有助工作升迁、事业前途，提升文昌运，开启姻缘，协助婚姻和谐</td><td>延年</td></tr>
<tr><td>8、17、26、35、44</td><td colspan="2">招贵人，得下属助力，顺利安定，催子嗣</td><td>伏位</td></tr>
<tr><td>9、18、27、36、45</td><td colspan="2">易生病或生官讼，人生多阻逆劳苦</td><td>祸害</td></tr>
</table>

<table>
<tr><td colspan="2">出生年次对照数字</td><td>楼层数</td><td colspan="2">吉凶能量</td><td>配卦</td></tr>
<tr><td>男</td><td>女</td><td colspan="4" rowspan="4">出生年为【离命卦】</td></tr>
<tr><td colspan="2">出生年次后两位相加数</td></tr>
<tr><td>8或17</td><td>2或11</td></tr>
<tr><td colspan="2">出生年次后两位</td></tr>
<tr><td rowspan="10">08
17
26
35
44
53
62
71
80
89
98</td><td rowspan="10">11
20
29
38
47
56
65
74
83
92</td><td>1、10、19、28、37</td><td colspan="2">有助工作升迁、事业前途，提升文昌运，开启姻缘，协助婚姻和谐</td><td>延年</td></tr>
<tr><td>2、11、20、29、38</td><td colspan="2">破失钱财，易被贬斥或被劫盗，烂桃花</td><td>六煞</td></tr>
<tr><td>3、12、21、30、39</td><td colspan="2">招金钱财运，得衣食享用，百庆吉祥</td><td>生气</td></tr>
<tr><td>4、13、22、31、40</td><td colspan="2">消病解厄，强化健康寿元</td><td>天医</td></tr>
<tr><td rowspan="2">5、14、23、32、41</td><td>男</td><td>破失钱财，易被贬斥或被劫盗，烂桃花</td><td>六煞</td></tr>
<tr><td>女</td><td>易生病或生官讼，人生多阻逆劳苦</td><td>祸害</td></tr>
<tr><td>6、15、24、33、42</td><td colspan="2">易破业败家，招来牢狱之灾或凶难灾厄</td><td>绝命</td></tr>
<tr><td>7、16、25、34、43</td><td colspan="2">小人事非口舌，易遭小偷失窃或火灾</td><td>五鬼</td></tr>
<tr><td>8、17、26、35、44</td><td colspan="2">易生病或生官讼，人生多阻逆劳苦</td><td>祸害</td></tr>
<tr><td>9、18、27、36、45</td><td colspan="2">招贵人，得下属助力，顺利安定，催子嗣</td><td>伏位</td></tr>
</table>

第三章

CHAPTER 3

房屋内部开运风水解析

完美的风水难寻，只要房屋内各个区域有所区隔，空间大小各成比例、动线流畅，那么再加上个人的细心布置，将不良之处稍加改善，每个人都可以找到适合自己居住的好风水。

何谓吉相的住宅

想要选择一个吉宅，最重要的就是先避开房屋的禁忌。像是辨别房屋坐落的土地、地形、地域的优势，慎选建筑物外观的架势等，先把第二章中所提到的土地和建筑物禁忌条件去除，接着才能进一步地考虑内部格局的配置。

一般来说，房屋的内部格局通常可以分为四个部分：1.大门、玄关的位置；2.卧房、床铺的位置；3.厨房、火炉的位置；4.浴室、厕所的位置。

这四个区域的用途不同，也各自主掌不同的风水意义，每个区域除了要维持基本的整齐干净之外，到底怎样的格局才可以算是吉利的风水格局呢？我们可依下列五点，一步一步地来做检查和规划。

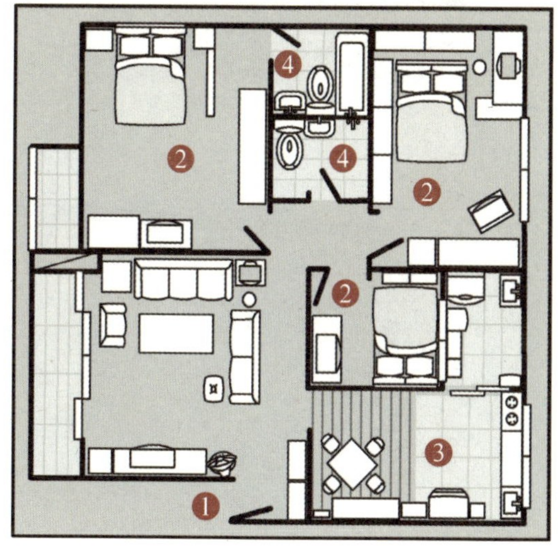

①大门、玄关的位置
②卧房、床铺的位置
③厨房、火灶的位置
④浴室、厕所的位置

风水相对应位置（区块）

有区块才能形成风水，每个区域所对应的风水意义不同，所以房屋最好要有隔间，太过空旷的房屋无法让气流温和流动、盘旋。所谓“风水”，就是指风的流动、循环，如果没有区块的话，自然也就无法产生好的风水能量了。

风水要有区块才能形成

空间

居住的空间和人口数必须互相搭配，且成正比例，如果屋大人少，屋子的气大过于人气，会形成屋来克人；反之若是屋小人多，那么人必须相互争空间，也会形成不良的争夺之气。所以空间利用须先重比例，然后再来做进一步的运用和规划。

房屋内的各个区域都要细心布置

动线

动线也包含了装潢，一般人多半只注重装潢的美观，反而忽略了动线的规划，其实出入方便、气场可以温和流通的空间，基本上就可称作好的风水。

布置

不同的地方需要的布置风格不同，必须依照各区域的不同性质来做不同的布置和摆设，所以我们必须先找出好位置，才能进一步增加好的风水能量。

破解

所谓破解，就是把不好的能量转移，把设计、摆饰、装潢不佳的空间做更有效的规划和利用，重新营造出好的风水环境。

完美的风水难寻，读者在买房或租房时只要房屋内各个区域有所区隔、空间大小各成比例、动线流畅，那么再加上个人的细心布置，或是不良之处稍加改善，那么每个人都可以找到适合自己居住的好风水。

大门、玄关的位置

大门是住宅出入的主要通道，在风水上主掌全家人的事业；内明堂(也就是我们一般称为玄关的地方)因为紧贴着主掌事业的大门，象征着因事业上所衍生出的财富，所以在风水上主财路。

而外明堂(就是大门外的区域)主掌事业外的区域，所以在风水上主迁移、人际公共关系以及对外业务的推广。

大门以及大门内外的内明堂和外明堂部分，可以说是主掌事业、财路以及事业发展的风水重地，此处的空间规划相当重要，足以影响全家人的前途发展。

屋大门大、屋小门小，要成比例才不会产生不稳定的现象

屋大门大、屋小门小
事业稳定、成就非凡

风水尤重比例与和谐，屋大门大、屋小门小，成比例的格局才不会显得突兀，在风水上也代表着事业稳定发展。

因为大门主事业，门大则气容易流通，再加上屋大的话，可以让气场温和流动并形成藏风聚气的效果；反之，如果门大但屋小的话，不仅气留不住，在事业上也容易产生不稳定的现象。

大门的架势可由造型、素材来营造气氛

门大玄关大、门小玄关小
事业与财运才会相辅相成

大门主事业，玄关主掌财路，大门和玄关成比例的话，事业和财运才能得到相辅相成的效果。举例来说，如果大门与玄关大小不成比例，玄关空间特大，但大门很小，那么玄关则会压制大门，等于让财路压制事业之外，也会让自己的负荷过大，对于事业或是财路，都会有不良的影响。

屏风不但具有美化的装饰作用，更可改良居家风水

大门要有架势
事业鸿图大展

大门的架势可由造型、素材来营造，因为大门主掌事业前途，大门有气势的话，那么事业运也容易受到带动和影响。

玄关要藏风聚气
钱财才会源源不断

一般来说，室内最好要设置玄关，也就是内明堂。因为内明堂紧贴着大门，大门进出开关之间会引动气流，如果设有玄关的话，气流在此可以温和地盘旋，不会急促地窜入住家内，再加上内明堂(也就是玄关处)主掌财路，有气流不断地在此流动，当然也就代表着财路通顺、财源不断了。

卧房、床铺的位置

房屋的风水优劣可以影响全家人的运势，同样地，卧室是个人的私密空间，所以卧房在风水上主掌个人综合运势，包括个人的事业、财运和婚姻等。

因为卧室代表个人的总体运势，所以卧房的房门在风水上便主宰了个人的事业前途。卧室的外明堂(房门外的空间)代表个人的对外人际关系以及迁移的运势；卧房的内明堂(也就是卧室房门进来的地方)在风水上主掌个人财路；而床铺在风水上则象征着个人的婚姻以及健康。

房间除了采光要好，能够让阳光照进来之外，也必须保持良好的通风

因为窗户是对外联络的管道，所以是桃花的代表。在卧室内，窗户代表了个人的桃花运势；如果卧房内有浴厕的话，浴厕在风水上则主掌个人私密、隐私、性及丑陋之事。

虽然梳妆台多半是收纳个人物品，或是收藏私房钱的地方，但一般来说，人在刚起床时，多半会到梳妆台前照照镜子，整理一下仪容，因为刚起床的样子总是较散乱、不喜欢被别人看见的，所以卧室内的梳妆台除了在风水上主掌个人私房钱之外，同时也象征着隐私以及不为人知的秘密。

房间隐密

个人综合运势有隐护，不易受人伤害

卧室是休息的地方，也是相当私密的个人空间，所以不适合位于住宅内太明显的地方，甚至是放眼可及之处。如果一进大门就可以窥见卧室，此人的隐私必定无所隐藏，而且容易生产不安全感，不安心，似乎随时都会被窥视一样。

尤其卧室象征着个人的综合运势，所以卧室必须具有隐密性，不仅能让个人运势得到保护，也能够较不易受到打击和伤害。

房间采光通风顺畅

个人综合运势顺畅不阻碍

房间除了采光要好，能够让阳光照进来之外，也必须保持良好的通风，但是过与不及皆不佳，阳光不宜太刺眼或是完全照不到阳光；气流应该温和流动，而非强风刮掠。阳光和风都要进得来，因为空气就是能量，有窗户当做一个出口或对外联系的管道，这样同时也代表着个人的运势顺畅，不会受到阻碍。

房间方正

个人运势稳定

所谓的方正，不是指四四方方的正方形格局，只要没有缺角，形状不要太过奇特怪异，那么空气在房间内就可以有规律地流动，也象征着个人运势可以得到稳定地发展。相反，如果卧室形状奇特，或是有缺角的话，气流在卧室内的流动必然无法有稳定的频率，因此也象征着运势容易起起伏伏，不容易有稳定的发展。

床头有背靠的话，象征有进可攻退可守的根本

床头有背靠、前有去路、左右有伸展

个人综合运势有发展的空间

房间这个大格局除了可影响个人的整体运势之外，床又特别针对婚姻和健康的运势。

床头有背靠的话，象征有进可攻退可守的根本，对个人运势来说等于有一个靠山。所以已婚者床头若没有后面的后靠，那么若有争执摩擦的话，很可能就会轻言分手，因为后面没有牵制的力量，如果有后靠的话，则会让彼此相互牵绊和依赖。

而前有去路，则代表有推展的力量和空间，若连走道都很狭小的话，那么个人的发展可以说是处处受限。

左右有伸展也是代表着有足够的空间伸展，床铺最好不要贴墙，让左右都留有走道，如果卧室空间不够大或是只有一个人睡的话，建议可以不用双人床，用单人床来布置即可。不过还是要以舒适的睡眠环境为优先，在适当、合理的条件之下布置为宜。

梳妆台镜大坚实稳固

私房钱多又稳守，个人秘密不易被窥知

梳妆台象征着个人的私密，也是收纳私房钱的地方。镜子就如同眼睛一样，梳妆台的镜小，代表找财的力量较小，也较看不清楚；如果梳妆镜够大，就等于看得开，看得远，也看得清楚，镜大雪亮代表眼光锐利、有眼光，也会寻找好机会来纳财以增加私房钱。

不过梳妆台和梳妆镜必须成比例，梳妆镜比梳妆台的比例大一些也无所谓，不过比例不可差异太大，这样才可以既兼顾到私房钱，也不会太过死心眼地每天只在乎私房钱。

另外，镜大也代表着不会有人刻意想挖你的隐私，因为镜子大代表够机灵，够谨慎小心，镜小的话秘密容易曝光，或是自己在无意中不小心透露出来。

梳妆台的部分则最好选择耐用、扎实、稳固不会摇晃的样式，如果只是外表美观、构造却不牢靠的话，那么这个女主人多半会把钱花在打扮上面，较重外表，喜欢讲究生活的品位，虽然生活质量较高，但身边的私房钱比较留不住，常常不由自主地把钱花在装饰外表上。

梳妆台象征着个人的私密，也是收纳私房钱的地方

厨房、火炉的位置

厨房在风水上主财库，能不能把钱留得住，就必须看厨房的格局好不好。

灶台在风水中主掌钱财的吸收力、财库的守护力以及全家人的健康。此处若是有吸力、具有吸收财的力量，那么钱财自然易进，财库相对也就饱满。

除此之外，灶台的炉火对健康也有影响力量。因为灶台是做饭

的地方，炉火燃烧必须吸收氧气，然后这股气会转移到食物里头，如果炉火吸收到好的气，那么家人的身体自然健康；若吸收到不好的气，那么不好的能量便会转移到食物上，吃到肚子里去之后，久而久之，对健康当然就有很大的影响了。

厨房空间方正
理财、守财才不会乖张难行

前面提到过，所谓的方正，不一定要四四方方的正方形、长方形、偏长或是偏宽都没关系，就算不方正，四个角一定要有，不能有缺角，这样理财方面才不容易有疏失或是因为莫名其妙的原因而破财，甚至是常常感到困难，或是财库有漏洞的现象。

房大厨房空间大、房小厨房空间小
理财、守财掌握得宜

房屋和厨房的空间要成比例，因为房子大代表财源大，厨房大的话可以存得起来、留得住；但若房子小却有个大厨房，代表进财能力不大，进财来源不多，但却一心想理更多的财，所以内心和现实容易有落差，甚至会像无头苍蝇一样每天瞎忙却没有效果，只会为了理财而更忙碌更劳累、终日奔波于理财。

燃气灶台面的左右空间一定要有延伸

燃气灶与厨具台面一体密和

财库稳固

一般来说，燃气灶多半会直接放在台面上，形成燃气灶和旁边的台面有高度的落差。如果燃气灶和台面没有整体性，燃气灶突出的话，则代表理财无法稳固，理财的方向背道而驰、无法只有一个主力方向来理好财。

如果把燃气灶做成嵌入式，让燃气灶和台面一体密合的话，如此便具有整体性，也象征着理财方式和财库相辅相成，那么财库才会稳固，钱财自然留得住。

燃气灶台面空间左右有延伸

财库可吸纳较广泛的财

厨房的空间除了不能太小之外，燃气灶台面的左右空间也要有延伸，虽然不必一定左右空间相对称，但至少不要紧贴墙壁。如果燃气灶旁边直接贴墙的话，代表受到阻碍，没有延伸的力量，所以燃气灶和墙壁间可再增加一点距离，不要直接贴墙，留有一些空间的话，才能左右逢源，吸纳更广泛的财。

燃气灶台面空间上有厨柜覆盖、下有厨柜支撑

财库可自成一格及守护的力量

燃气灶是吸纳财富的地方，上面有梁柱的话，理财自然会感到有压力，所以燃气灶上最好有橱柜覆盖，就好像有个屋顶盖一样，才会受到保护。

当然上有覆盖之外，下面也要有支撑，燃气灶的台面下若是空的、开放的也不行，必须有支撑才有守护的力量，所以下面可以设置橱柜，象征着财库有守有撑，财库才会丰盈满足。

厨房采光通风好

理财有循环，财库会增利，有益健康

厨房是做饭的地方，通风和采光自然非常重要，如果厨房的空气不流通，乌烟瘴气的空间自然很难让家人吃得健康。

同样地，厨房也是理财的地方，厨房的气场能够自然流动的话，那么理财才能循环，才有可能钱滚钱，也才可以不断地增加财富。

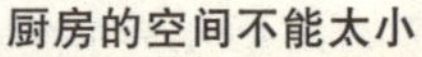

厨房的空间不能太小

浴室、厕所的位置

浴室是我们赤裸裸沐浴的地方，厕所则是排泄、处理我们不要的东西的地方，所以浴厕在风水上除了主掌健康，同时也象征着性、私密、隐私及丑陋之事。如果空间够大的话，浴厕分开成两个独立空间会最好，但最重要的还是维持整洁度，就算无法分隔成两个空间，保持干净清爽的浴厕才能有助身体健康、让好事不至于被丑事所拖累。

浴厕采光通风好

有益健康，性生活顺畅，不易有丑陋之事

人除了要吃得健康，排泄当然也要顺畅才能健康。厕所是我们的排

泄之处，所以此处若不通风，充满污秽之气，甚至脏乱的话，那么人的健康一定会受到影响。

而浴室是赤裸裸的地方，水又代表桃花，所以浴室除了代表个人私密行为之外，也代表了性生活。如果浴室不通风、采光不佳的话，也就代表着性生活不顺畅、不协调；如果采光佳、通风良好，就不容易产生不好的、见不得人的事情，品格自然也可以坦荡荡透明化，不会有负面的、毁坏名声或是丑陋的的事件发生。

房大浴厕大、房小浴厕小

比例不调会影响健康与私生活

不论是房屋内的任何空间，都必须和整体房屋成比例，浴室、厕所当然也一样，过大或过小都不恰当。

如果浴厕过大，厕所的秽气容易蔓延开来，污秽的气会影响整个空间，让房屋都被不好的气所笼罩，如此一来，身体、心理都会感到不舒服，住户的身体健康自然也会受影响。除了健康之外，浴厕也象征着私密和性生活，如果空间比例过大或过小，性生活也会产生无法协调、均衡的现象。

洗脸区架势高、马桶区架势低

有益提升健康、性生活

洗完脸后，人总是感到特别精神抖擞，甚至容光焕发、气味芬芳。而马桶区是排泄的地方，虽然可让人身体健康，但会产生污秽之气，所以洗脸区和马桶区应有所区隔，就算无法完全隔开，也应该有一定的距离。

除此之外，马桶的水箱可以选择低一点的，这样才可衬托洗脸盆较高，让好的气、好的能量气势大于污秽的气，不要让不好的气吃到、压盖住好的能量，那么才会有助于健康的提升，而且内心里的秘密、不想被人知道的事情也会较有质量，较不会是见不得光的秘密。

浴厕分离

好事不会被丑事拖累

厕所是在排泄不要的东西、不好的气，而浴室则是把不干净、不好的事情洗掉，可以使人容光焕发、焕然一新。所以浴室和厕所最好分开隔离，坏事才不会盖过好事，好的事情才不会被拖累、好的形象才不容易被影响，优势之处才能凸显出来。

第四章

CHAPTER 4

小户型风水常见问题与破解之道

对于正值青壮，在人生事业版图努力打拼的人来说，小户型住宅肯定是关键的起步；也是目前多数小家庭或是第一次购屋者的主要选择。

通过本书了解小户型住宅在风水方面的先天限制，以及可能出现缺失的空间和格局，就成为决战未来的分水岭。

我们常听说某某大老板年轻时贫困住陋巷，甚至挤身窄弄的励志故事，但是为什么后来他们的事业可以越做越大，房子越换越大，地段越来越高档呢？除了自身的努力之外，多少也借助了运势和机会的眷顾。

改造空间和格局，不一定要花大钱将它改头换面。毕竟为了将来的换房梦想或是累积其他的创业资源，当下的每一分金钱、每一分气力都要运用在关键刀口上。事实上，巧妙地运用灯光照明、镜子反射或是窗帘等遮蔽物，就可以营造出好风水。甚至根本不用花一分钱，只要勤于打扫，调整空间配置，就可以达到风水改运的加分效果，打造出一个舒适的生活空间，越住越好运！

小户型的先天劣势

所谓的“小户型住宅”，主要缺点当然是“小”，先天空间小的劣势必然在气势、磁场、能量等各方面输人一等；其次在格局设计方面，碍于空间不够大，规划运用时多少也会产生缺陷，像是容易聚纳秽气的厕所，不管如何回避，还是占据屋内的醒目位置，产生连带的影响；最后是住在里面的人，每天必须在小空间里面活动起居，彼此的磁场运势也会互相限制。面对这样的困境，除了努力打拼，怀抱搬新家的美梦之外，难道就只能坐以待毙，自叹运不如人？

有没有方法可以破解，靠着风水布置的巧妙加分和适当的空间配置，突破现实的局限呢？当然可以。想要乐在当下，暂时安居在小户型住宅的人，不妨按照下面几个方向，逐步检查自己目前居住的小户型空间，找出问题所在，略加调整改变，就可以纾解厄运，增强好运势，进一步提升能力，达成换大屋的梦想。

小户型的浴厕保持干爽最重要

劣势1 | 自家的气场容易被别人家吸走

门对门的时候，本宅若空间小，就像一个人的肺活量小，彼此对峙的时候，很快就败下阵来。门对门之间的空间气场，非常容易被对面户的人家吸走。

两户人家大门对大门之间的空间，正是所谓的“外明堂”，主管两户人家的人际关系、业务发展、贵人的区域。

一旦本宅的室内空间小（肺活量小），大门外（外明堂）的气场经常被别人吸纳带走时，住在小户型里面的人，自然就失去人际公共关系或是业务发展的先机，就连亲近身边的贵人也会失之交臂，或是容易被别人捷足先登。

门对门，就像两家互相对峙一样

破解之道 | 在外明堂或大门上或大门内，放置增加吸纳磁场的物品

放置水晶洞，或摆设一个洞小肚大的瓮，内放天然水晶或碎石，再加一些具有磁性的黑胆石或磁铁。

将大门外的天花板灯打亮一点，利用白光的电灯照亮该空间，再加上一盏投射灯（卤素灯），投向大门门片上。

这些可以吸纳磁场的对象和布置，就像是在肺活量小的肺部，加装一个打气用的气泵，可以帮助提升肺活量，加强吸纳空气（磁场）的作用。

如此一来，即使身处于小户型的屋内，也可以加强吸纳外明堂的气场。很快地，你就会发现，本来可能常错失的客户或是不容易联系发展的人际关系，慢慢地出现转机或起色；身边的贵人也会主动亲近，带来意想不到的好运气。

水晶洞可改善磁场能量

劣势2 | 气场不足造成运势阻塞不畅通

如同前面所言，小户型的空间小（肺活量小），能够容纳屋内（体内）的空气体积自然也比较少。对于居住在里面的人来说，空气稀少，氧气也跟着稀薄，交杂吐出来的废气使得整个屋内的气场不足，人也容易陷入混沌不清明的困境。

缺氧会让人喘不过气，气场不足也会让住在里面的人运势阻塞不顺畅，不容易亨通。做起事情也容易碰壁，吃闭门羹，发达不起来。

客厅风水是房屋风水中最重要的一环

破解之道 | 保持室内外空气的流动

最简单的方法，就是在室内开启小风量电风扇，经常让它运转，使屋子里的空气能够流动。

一旦气场能够维持流动，运势自然顺畅，本来推动不了的项目可能很快就可以获得解决；过去无法达成的目标，也可以逐步得以实现。

经常除湿才能保持干燥

劣势3 | 光线照穿屋内形成光射煞

气场之外，居室面积小的另一个劣势，就是当光线照入屋内时，往往直接照穿整个户内，让屋子没有荫处。这种情况在风水而言是所谓的“光射煞”，即光线一进到屋子即射穿整个空间。

空间面积小，一旦阳光充斥整个屋子，就好比整个空间被阳光所征服，必须臣服于外力，所有努力都见光死，难以达到聚足收藏的成效。屋内的人即使努力打拼奋斗，一辈子追求事业、前途、权力、地位、威望，最后仍然落得一身劳苦，实在是相当不值得。

进入室内的光线不可过强，应装上窗帘抵挡过烈阳光

破解之道 | 留下荫面的空间，确保阴阳协调

在房屋采光面的落地门或窗，加装窗帘，达到半遮阳光的效果，避免光线射进屋内的全部空间。

只要在屋内留有荫面的空间，达到阴阳协调，就可以解决因屋子小而造成聚积不易的困境。辛苦耕耘的收获可以得到庇荫，事业前途也可以拥有休养生息的余裕。

室内留有荫面，光线不至于太烈，可达阴阳协调

吉宅风水指南

阴阳协调的采光

每一个房屋，都必须具备采光良好的格局，房屋的阳气才会好，有助于屋内居住人的贵气（事业、前途、领导、权力、地位、威望）发展。

但是所谓的“采光”好，绝对不是整间屋子亮光光，而是指房屋的四面都尽量让光线可以进入一部分。也就是说，屋内仍然必须保留有荫面，空间有明暗，风水才能阴阳协调，代表富贵、名利的均衡协调。

落地窗直通客厅，形成风掠煞

劣势4 | 空风吹刮屋内形成风掠煞

大欺小是空气对流的常态，因此当室外空气碰上小户型屋子时，对流的空气自然直接进入整个小户型屋子的空间内。甚至因为面积小，空气流动速度只要快一点，或是风势强劲一点，住在屋内的人马上就会感觉一阵风刮掠整个空间，这在风水上被称为“风掠煞”。

一旦屋内空气无法温和循环流动，室外空气一进来，人气马上就被一扫而空，仿佛整个空间顿时被外界的空气与风所吞没。住于屋内的人自然无法留聚运势，容易为了求财赚钱，劳苦到老死，也可能因为运势不顺遂，导致方向紊乱，横冲直撞惹出一些麻烦事端。

住家空气应温和地循环流动

破解之道 | 调节空气进出的量，让气流温和地循环

在房屋通风面加装落地门或是窗户，随着天气变化加以开关，控制空气进来的流量就可以调节屋子里空气对流，形成温和的循环。

气流循环良好，身处其中的人也可以获得平静，思绪清明，一举一动有为有守。摆脱过去因为求财赚钱，每天操劳冲撞的奔波劳苦，人生之路也能够持盈守富，在稳健中求发展。

吉宅风水指南

“藏风聚气”的气流循环

每一个房屋，都必须具备通风良好的格局，房屋的气场（生命力）才会好，有助于屋内居住人的财运及所有运势上的顺遂如意与亨通。 但是所谓的“通风”，并不是指空气四处流窜屋内，而是指房屋的四面都尽量让空气进入屋子温和地流动循环，形成风水所谓的“藏风聚气”，开启亨通的运势。

劣势5 | 缺乏抵御外力的能量

房屋就像一个人的体魄，小户型住宅的本户因为先天条件不足，在面对外来环境的风水煞气相冲之时，相形脆弱，抵御力量不足的情况下，危机和威胁自然增加，运势的风险也大大提高。

这些外煞来冲，包括路冲、屋角、壁刀、电线杆、高压电塔、高压电线、基地台等，对于房子大的人来说，就像体魄巨大、勇猛的人比较有抵御能力，风险自然比较低；房子小的人，体型相对瘦弱、单薄，结果自然比较不具有抵御能力，外煞的冲煞力量就相对增加了。

在这种情况下，很可能带来车祸、事故等令人遗憾的严重意外。人生发展也容易出现变数，在人际、业务发展方面，遭受敌对、夹杀、对击、伤害的状况也比较容易发生。

破解之道 | 借助外墙的反射，抵挡外煞的威胁

可于碰见外煞的那道墙面，用铜铸的拆信刀剑或模型刀剑（约20到30公分之间）两只打交叉，刀口朝上、刀柄朝下，用胶将铜铸的刀或剑，贴在外墙的墙面上。

将碰见外煞墙面的玻璃改成镜面（反光）玻璃，或是贴上镜面隔热纸。

尽量在晚上或是不需要光线时，拉上窗帘挡住外煞。

外煞被抵挡在外，个人的身家财产和性命安全才能够获得基本保障。连带地，具有杀伤破坏力的小人、敌家也不容易侵犯自己的领地。付出有所得，基地巩固，事业才有成就发达的起点。

晚上将窗帘拉上，可抵挡外煞

注意 贴刀剑之前，需于刀剑上用红色油性签字笔或油漆，写上一字“罡”，并用吹风机开高温在文字处上热烤，烤到刀剑发烫为止，才能贴到外墙面。

小户型空间的格局缺陷

在选择小户型时除了对地段、户型、物业等详加考察，对一些卫生间是否通风，是否是客厅和餐厅合一之类的格局细节也要多多关注。

缺点1 | 厕所面积比例过大，产生秽气聚积

厕所面积不宜过大，适中即可

竹炭可消除厕所异味

厕所是大小便排泄，制造秽气的场所，但是又不能没有它的存在。尤其是空间小又需要固定面积的厕所时，它的存在就更让人无法忽视了。

一般而言，大户型的房屋，因为空间大，厕所的面积空间占整个房屋面积空间比例相对小，厕所秽气也比较不容易完全充斥、弥漫整个房屋空间。不过，如果从来不打理清洗、清洁厕所，即使屋子再大，还是可能秽气逼人，让人闻之怯步。

很多人都有过这样的经验，一踏入小户型的屋子，就容易闻到厕所的异味。主要是因为小户型的房屋，厕所面积占据整户空间比例较大，厕所秽气自然容易充斥、弥漫屋内。当然啦，经常勤于打理清洗、清洁厕所的屋子例外，秽气相对轻微。

一旦厕所秽气占据高比例的空间面积，或是秽气弥漫整个屋子，住在里面的的人，天天吸纳秽气于体内，日积月累如同滴水穿石，不但有损健康，运势也将混沌不明。脑筋不清楚的人，面对事业前途、金钱财运、爱情婚姻……也会陷入糊里糊涂的状态，容易发生遭人陷害、设计、欺瞒、愚弄、背黑锅等厄运。

破解之道 | 勤于打扫，维持厕所的清洁、通风和干燥

勤于打理厕所，让厕所采光、通风，整齐清洁、干燥、干净，没有秽气。

多利用抽风机、空气清静机、臭氧机、除湿机等维持厕所的清洁干燥。

不要小看这样的卫生习惯，厕所的秽气一旦消除，整个运势也会随之清明开朗，思考事情的角度和视野也更清晰，有条理，仿佛扫除掉人生的盲点死角，被困住的问题都能获得解决的契机；陷入僵局的合作，也可能很快出现令人惊喜的发展。过去因为用人、识人不明，被构陷、背黑锅的倒霉事，自然也不容易再发生了。

缺点2 | 厕所紧贴大门，侵犯内明堂的财运之路

延续前面的问题，厕所不只占据小户型住宅的比例容易过大，在空间规划上，也容易紧贴位于大门进来的旁边。特别是一般一居室的格局，厕所多半是紧邻紧贴在大门内、内明堂的区域位置。

内明堂位于大门内的区域空间，也就是玄关的区域，是主管住于这房屋里头所有人的财路与财运。厕所则是大小便排泄、秽气制造的场所，具有烂衰、被陷害、背黑锅的厄运能量。

不用说，当厕所的所在位置紧贴内明堂，或是空间侵犯到内明堂时，一家人的金钱财运也会经常出状况，衰事连连，被骗钱、坑钱而破财的可能性大大提高。

小户型住宅的浴厕比例往往过大

在内明堂摆放黄水晶，可招财气

破解之道 | 利用打扫或摆设布置，尽量化解秽气

将内明堂及厕所打理整齐、清洁，维持干燥、干净，同时加装明亮的白光灯源。

如果内明堂的空间够用的话，还可以再摆设天然黄水晶，或是经常插黄色的鲜花或摆设黄色兰花。

在墙面安置黄灯罩或黄光的壁灯或挂置黄色构图的写实手工油画。效果最佳的是向日葵花田的手工油画。

简单而言，不管是占据空间的比例过大，或是紧邻内明堂侵犯财运，厕所是民生必需，绝对不可能去掉，唯一的正本之道就是解决秽气之源，通过良好的卫生习惯，维持屋内空气的清新。空间规划上还有余地的话，可再用一些黄色的水晶、花卉，增加招财的能量，抵消厕所破耗内明堂的财运问题。

注意 如果内明堂的空间无法摆设这些素材，则不要勉强硬摆设，否则将会适得其反。

缺点3 | 墙面梁柱的压迫，形成“天罗地网”的困局

“天罗”就是楼板（包含横梁）出现空间压迫，地网就是空间的立面墙面出现狭制，地坪自然变小，这是小户型房屋经常会出现的问题。

小空间的紧缩感，来自于所有的立面墙面，仿佛将生活的空间，全部都围得紧紧的，如果再加上天花板过低，或是横梁压迫的话，就形成空间上的“天罗地网”。

生活在其中，运势如同被手镣脚铐给铐住般，动弹不得、动辄得咎，人生谈何发展的机会与空间呢？想要发达翻身简直比登天还难！注定一辈子都要困在小屋子里面了。

小户型住宅的天花板应挑高，视觉上才不会有压迫感

镜子有放大室内空间的效果

破解之道 | 尽量腾出活动的空间，同时巧妙运用照明的放大效果

将屋内空间尽量腾空，不必要的杂物全部丢弃掉，让活动的空间宽阔一点，避免在屋内走动时，产生处处被限制的感觉。

加装镜子，通过反射的意象开阔视野，同时增加使用白光源的电灯，让镜子与光的结合互动能量，突破天罗地网的狭制。

一旦身体、心理的束缚感消失，或是天罗地网出现漏洞，曙光乍现，就如同被束缚的双手，找到机会就能够及时把握，在困局中突围觅得生机。原本乏人问津的生意可能慢慢有起色；待业找不到工作的人，也可能发现新的谋生机会。

杂物越少，空间相对越大

小户型空间的起居限制

虽说空间小是情非得已、无可奈何，也是没办法的事，但是小户型的房屋并不是非得要“将就使用”。相反地，为了经营好运势，我们更应该尽量运用人为的空间规划。

使用功能不同，空间也应有所区隔

空间有区隔，每一空间的风水力量才能充分发挥

限制1 | 空间使用互相重叠，造成彼此运势侵犯

小户型住宅的的广告经常强调“多功能”，美其名曰是客厅可以具备餐厅、书房，甚至起居室的功能。或是主打“开放式”的格局规划，房主可以弹性运用整个室内空间，不需要特别区隔餐厅、厨房和客厅、卧室的独立范围。

在这样的空间分配下，自然不会有独立的内明堂、厨房、卧房、客厅、餐厅，或许有人觉得反正房子不大，这样子倒也方便省事。但是在风水上，却是造成室内空间格局区域不明，互相重叠共处、共享的严重问题，因为彼此代表的运势将产生互相侵犯的对立冲突。

虽说空间小是情非得已、无可奈何，也是没办法的事，但是小户型的房屋并不是非得要“将就使用”。相反地，为了经营好运势，我们更应该尽量运用人为的空间规划，将内明堂、厨房、卧房、客厅、餐厅明显地区隔出来，让每一个空间位置所代表的风水区域，能够尽善表现，发挥出该区域风水的代表力量。

即使只是简单的一居室，空间小，格局不明显，也要针对三个主要的空间进行规划布置。

内明堂常见的限制

内明堂主管屋内所有人的财路与财运，如果被走道、客厅、餐厅或其他空间重迭侵犯到，住在这屋子里的人，财运就会受到损坏，进财受到障碍。所以无论如何，属于内明堂的区块，纵使再小都要将它空出来，让这个区域有独立的空间感。

破解之道 | 加大内明堂的视觉空间

利用白光的灯打亮空间，能够再搭配挂置镜子尤佳，让空间感变大，扩大财运入门的机会，接着在这区域的墙面上装设一盏黄灯罩或黄光的灯来催财。

注意 镜子除了大门之外，不能一直线正对任何的门与窗或床、燃气炉、梳妆台。

玄关位置，称作内明堂

在内明堂装射灯光或镜子，可加大视觉空间

厨房常见的限制

厨房主管屋内所有人的财库与健康，千万不要随便找一个地方就摆设燃气炉当厨房。缺少厨房（财库）的家，屋子里的人，就算有钱也留不住，理财方面的能力自然不佳。

破解之道 | 避免厨房燃气灶裸露

即使是全开放的空间，也要将厨房空间区隔出来，尤其忌讳一进入本屋就看见燃气灶。最好是将厨房围开，自成一个半开放或独立的空间，同时加上用白光的灯打亮空间或是装设一盏黄灯罩或黄光的灯来纳财。

有了厨房（财库），至少赚进来的钱不会流掉，还有守住的可能。如果可以让空间感变大的话更好，财库的功能扩大，赚钱的能力自然也会增加。

厨房主掌全家人的财库和健康

卧室一定要隐密

卧室常见的限制

卧室代表居住里面的人的运势，包括感情婚姻、家庭和谐、权力地位、生活物质的创取。如果没有独立的卧房，生活起居和客厅、餐厅的空间共处一室，交杂共享，那么屋内所有人的运势也会混乱地搅和在一起，互相拖累牵制。结果很可能是互相拖累，一个人倒霉的时候，其他人也被牵连其中。即使有人的运气比较好，也带不动全体，不容易发挥向上提升的力量。

破解之道 | 善用对象区隔隐私和强调主权

如果一个空间必须“变身”，白天当客厅，晚上成卧室的话，至少要用衣厨或隔屏、布幔、拉门等隔开，分别代表客厅和房间的形式，同时尽量让每一个区隔的空间都有独立明亮的灯光。比方说，某个角落摆的是沙发躺椅，搭配独立的照明灯，另一个角落则摆出明显简易的梳妆台，象征在个人的运势与感情婚姻、家庭和谐、权力地位、生活物质的创取，有着独立的主权和隐私。

卧室一角摆放简单桌椅，可营造完全不同味道的空间感

限制2 | 空间小，成员过多，形成“人克屋”

小户型的屋子，如果居住一家三口人，甚至更多人的话，空间小加上人数多，就会形成所谓的“人克屋”。人气受制于房屋空间小，居住在里头的人，运势机会处处受到挟制打压，人生难有发达的机会。

但是屋子太大、人太少也不是件好事。风水之学着重中庸之道，过与不及都不佳，小房屋虽然比不上豪宅大院的大面积风水，但是“人屋相克”的问题也同样可能发生。比方说，豪宅大院上千平方米的超大面积，如果里头居住的人极少，只有一两个人的话，就会形成“屋克人”的运势。房屋气势大、人气小，居住在里头的人，虽然享受物质，但心灵、精神却是无比的孤独落寞。

利用灯光照明，可提升屋内能量

破解之道 | 加大空间感，强化人气能量

清理屋内不必要的囤积物，尽量条理收纳，让房屋的空间更为宽松，空气环流的范围更大。空间感变大，住在里头的人比较不会产生处处受到挟制打压的感觉。

找出几面适当的墙壁，贴上或挂上大镜子，利用镜子反射灯光的照明，可以提升屋内布置的能量作用。

尽量使用白光的灯源，将室内灯光打亮一点。一旦狭小的空间自内部向外推开来，在运势与机会等各方面，也会出现生机的曙光。

注意 屋内镜子也不能太多，同时镜子绝对不可以直线正对任何的门或窗或梳妆台、燃气炉。

限制3 | 长期的空间压迫，感觉容易产生麻痹

色彩缤纷的摆设，亦可增添明亮感

虽然百般不情愿，但是很多人总觉得："住久了就习惯了！小户型的房子也没什么不好。"甚至有人还认为住在小户型的空间，可以训练自己对环境的适应度，好像也没什么坏处。

其实一点都不然，人是感觉的动物，小户型的生活空间过度拥挤、压迫。久而久之，外在空间的压迫，也会慢慢从表面影响到人的潜在感觉里面。表面上，是麻痹或是习惯、接受、适应了，但是潜在里面，不舒适的感觉仍然存在，甚至造成长远的影响。

就像刚踏入医院时，马上会闻到刺鼻的药水味，但是住在医院里的人，却是闻不到这药水味，这不等于没有药水味，而是对这种味道麻痹了，所以闻不到，但这不等于药水味不存在。

所谓"入芝兰之室，久而不闻其香；入鲍鱼之肆，久而不闻其臭。"外在环境对于感官的潜在影响远远超乎想象。一旦感觉麻痹，许多内在的潜能发挥也会因此受到限制，感官变得迟钝，对于外界

居住空间应与居住人数成比例，适中就好

植物可让居住空间多些绿意

的动态也失去感知反应的能力，这样的恶性循环也是很多人招致厄运，走不出困局的主因。

破解之道 | 保持空间舒活，多累积温馨的能量

将屋子打理整齐、清洁、干燥、干净，没有秽气，清出不必要的囤积、堆积物，让居住生活空间更舒活。

将灯光打明亮一点，搭配一些黄光灯源，尽量营造温馨的气氛，并且善用暖色调的家具、寝饰、用品，少用冷色调的家具、寝饰、用品，让小屋子充满温馨。温暖的能量可以掩盖不舒适的空间感，让小窝充满爱的能量。

注意 **想让空间看起来更宽敞，可运用灯火照明、镜面反射的技巧，而善用亮色系、摆设装饰、布置，则可让空间充满正面能量。**

第五章

CHAPTER 5

小户型十大选择重点

随着社会形态的转变，家庭人口越来越少，加上房价不断飙高，小户型住宅俨然成为现代人的主流选择。特别是在寸土寸金的大都市，小户型中的一居室已经成为单身贵族的最爱，或是现代“包租公”和“包租婆”的热门投资。

这里要特别强调的是，住宅风水必须从外在环境、内在空间格局等不同方面评鉴。所谓的“投资”，除了金钱本身的增值，个人运势的蓄积也是选择住宅的重要考虑。所以除了看地段之外，也要懂得看住宅本身的建筑格局和空间规划。对于小户型住宅的购屋、租借者，甚至是寄住别人家的人来说，住宅本身的风水，因为与本身的运势发展息息相关，所以绝对不容忽视。

掌握以下的十大重点，想要购置小户型投资，或是碍于现阶段的经济能力，只能屈就小户型住宅的人，也能拥有人生优势的选择权。说不定，了解基本的住宅风水学之后，还可以为自己挑选小户型吉屋，投资效果甚至胜于有些户型虽大，但先天风水条件不佳的豪宅呢！

小户型最忌讳的六种风水

佩榆是朋友眼中的小富婆，老家在东北的她，专科毕业之后就只身在北京工作。原本从学生时期她就陆续和同学、同事合租，但是每个月缴房租的日子总觉得“有去无回”。精打细算的佩榆手边积累了一笔钱，决定把它当做首付款购屋置产。考虑到预算以及将来如果嫁人房子可以转租或脱售，她的首选是邻近学校或商务区的

二手公寓式小户型。

看起来佩榆果真是具备精明的投资眼光，不过在地段之外，第一次购屋的她还必须留意小户型风水最忌讳的几个重点，才能让自己过去的财运继续保持，甚至达到更好的境界。

小户型面积小，容易遭遇门对门的状况

忌讳重点1 | 与对面人家门对门

风水缺点

小户型的房屋因为室内空间小，就像肺活量小，所以当自己的大门与对面户的大门是一直线，近距离地门对门时，万一对面户的室内面积空间比自己的本户大（肺活量大），代表着门对门这段距离空间的气场，将会被对面那一户吸纳。

运势影响

自己居室的面积都已经过小而不利于风水了，大门外的气场又被吸走，更是雪上加霜。

住在这种房屋内的人，不容易有好的人际关系，贵人更难出现，更甭提工作、事业对外的业务推展，更是难如登天。想想看，气场被人夺掠，代表人生的机会往往容易被他人竞争抢走。

门小且门对门，对外人际关系会受影响

觅屋诀窍

这样的建筑结构是目前公寓或大厦的通常格局，百分之九十九皆是如此。所以想要找到门不对

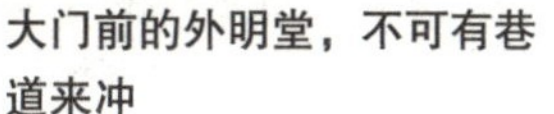

大门前的外明堂，不可有巷道来冲

室内格局门对门，可挂长门帘来化解

室内格局门对门，应随手关门以防冲煞

门的房屋，恐怕是不太容易。不过，天下无难事，只怕有心人，即使锁定学校或商务区附近，还是可以勤跑几个地段，有时候专门规划建造的经济适用房，反而比商业住宅区更有机会找到门不对门的房屋。

权宜之计 | 如果门对门，两户大门的间距尽量拉大

如果找不到门不对门的小户型房屋，至少要找两户大门之间的空间比较宽阔，或是两户大门距离比较远的。

一旦空间距离拉大，即使对面那一户的空间比较大（肺活量大），使得两户之间门对门之间的气场，小的容易被大的抢走，但也不至于完完全全被吸个精光，自己这一户至少还能捡点人家吃剩下的。

如此一来，在人际关系上，多少能留下一点有利的发展空间；贵人相助的机会也不至于完全断绝；工作事业对外的业务发展还有推动的可能。纵使局势再艰难困窘，也能从夹缝中求得生存的一丝空间和机会。

忌讳重点2 | 厕所位于大门内的内明堂

风水缺点

厕所位于大门内的内明堂处，也是小户型房屋常见的格局。内明堂是大门内的区域空间，也就是玄关的位置，主掌房屋的财路、财运风水，代表进财的能量。偏偏厕所是我们大小便排泄、制造秽气的地方，主掌着衰背、烂事、被陷害、背黑锅。

运势影响

当“内明堂”遇上“厕所”时，主掌财运的区域被厕所的秽气所占据，或是厕所门正开，直接冲突挡到财路，住在里面的人，金钱财运肯定一团乱，糟糕衰背到底。缺乏财运，赚不到钱还不要紧，更可能因为运势太衰，经常碰到烂事，或是被人陷害、背黑锅，终至破财消灾。

觅屋诀窍

如果是选购或租赁现房，自然要将此重点摆在优先考虑，千万不要选择厕所和内明堂相近的住宅，避免一进门就看到厕所的格局。如果是期房，也要留意设计图，小心避开此忌讳。万一期房的格局是如此，宁可多花一点钱，也要事先要求房产商修改设计图，略作调整，以期符合好风水的条件。

权宜之计 | 如果厕所位于内明堂，大门和厕所间应做区隔

小户型的住宅，特别是一居室，最容易设计成厕所位于大门入口旁的格局。这样的设计无非是想充分利用空间，尽可能地让小户型的格局更有效利用；或者是为了内部空间的视觉延伸，而将厕所设计在大门内的内明堂位置。这样的空间设计最容易影响外在人际关系，甚至导致财运不进。最好的改善方法就是厕所内通风除湿系统一定要做好，免得秽气外泄，导致住户的运势日益衰退。

厨房位于大门入口，容易破财

进门即可见厨房，存钱不易

忌讳重点3 | 厨房位于大门内的内明堂

风水缺点

厨房位于大门内的内明堂处，也是小户型房屋的普遍情况，主因多半是碍于空间受限，房产商为了营造其他空间的宽度，只能将厨房的区域做此规划。不过，厨房主掌房屋的财库风水，如果这个区域被厨房所占据，或是厨房门正开在这个位置，意味着财路一进门来就没有经过客厅、餐厅、房间，直接冲入财库。

运势影响

别以为财路登门直入财库，代表财源滚进，这话只说对了一半。原因是厨房或厨房门在此区域（内明堂）。内明堂财路、财运空间受到挟迫，就容易因为赚不到钱又急于要赚钱，而疲于奔命。一旦财路进门如果没有机会经过客厅、餐厅、房间等空间，营造出室内气场的良好流动时，住在屋里的人虽然赚得到钱，也存不了多少；即使努力将钱留住，恐怕也是刻薄自己和家人所存下来的钱财。也就是说，只能当一个严苛亏待自己、家人的可怜守财奴。

觅屋诀窍

千万不要选厨房位于大门内的内明堂处的小户型房屋。同样的，万一期房的格局是如此，宁可多花一点钱，也要事先要求房产商修改设计图，略作调整，以期符合好风水的条件。

忌讳重点4 | 横梁横跨在房屋中间

风水缺点

小户型的房屋，空间本来就不大，这时候如果横梁居中，更产生强大的压迫感，同时也有碍空间的陈设。在风水上而言，房屋横梁横跨在开放空间的中间或上面（不是在墙面上），将造成“天罗地网”的问题。“地网”是指房屋空间挟迫或房屋地基比马路低陷，“天罗”则是天花板有横梁横跨在开放空间造成压迫，或者建筑物有更高的压迫物下压下来的情形。

运势影响

“天罗地网”对于居住在房屋内的人来说，犹如被手铐脚镣困住，完全无法施展能力，事业前途只能坐以待毙；即使眼前原本有好机会也会错过，因为根本无法把握良机；已经困顿的人生也将继续在黑暗中摸索，难觅翻身的机会。

觅屋诀窍

绝对不要选择横梁横跨在开放空间上的小户型。梁柱应该在墙面的上端，才不会压迫小户型的空间。事实上，按照建筑结构和格局设计的原理，横梁部分本来就应该设计在墙面上。但是有时候，可能因为原本的空间限制，像是一些畸零地，或是其他有碍建筑结构承重分配的因素，甚至是设计师的监工失误，造成横梁横跨在墙面之外或是横跨在室内中间，不但有碍观瞻，也会引起风水的问题。

天花板平坦宽阔，视觉空间更大

高压电线紧贴窗户

巷道冲

忌讳重点5 | 房屋外有明显冲煞

风水缺点

前面一章曾经提过，以风水观点而言，如果将房屋比喻成一个人，大户型房屋就犹如一个人身强体壮，小户型的房屋就犹如一个人瘦弱无力，所以当房屋外面有外煞（路冲、屋角、壁刀、电线杆、高压电塔、高压电线、无线基地台）时，对冲房屋的影响力，相比之下，自然是小户型房屋比较吃亏了。

运势影响

面对外煞，住在小户型房屋的人，运势比较容易受影响，可能出现车祸、病痛等意外事故，人生发展也易生波折变化。即使没有上述的厄运降临，平日人际、业务的发展也经常发生受到敌对、夹杀、对击、伤害的不利状况。

觅屋诀窍

选小户型的房屋，绝对不能选有外煞的屋子，多花点时间在附近逛，详细了解周围地形，尽量避开路冲、屋角、壁刀、电线杆、高压电塔、高压电线、无线基地台等。不过，万一计划赶不上变化，当初买房或租房时是吉地，后来却出现外煞，这时候该怎么办呢？除了搬家的终极解决方式，也可以运用一些方式化解。（参考本书其他章节。）

忌讳重点6 | 选择大小混杂公寓中的小户型

风水缺点

小户型房屋本身的面积已经不大，如果在同楼层中，又和其他大户型的房子混在一起，落入“鸡立鹤群”的景况，风水磁场恐怕全得被别人抢光，碰到好运的机会哪轮得到自己这户埋在大户型中的小屋子呢？

运势影响

“鸡立鹤群”代表身处在一群比自己优势的人里面，居住在这样小户型房屋的人，人生未来的发展性，好运与好机会都会被更有能力、更强势、更有关系的人取走。许多发展都恐为人作嫁，劳劳苦苦白忙一场。相反地，“鹤立鸡群”则是代表身处在一群比自己弱势的人里面，住在这种屋子里的人，在人生未来的发展性上，比较能够在同侪或同业中与人竞争，更有机运可以表现自己，脱颖而出，拥有一席之地，开启未来的人生光明之路。

觅屋诀窍

所以选择小户型的屋子时，如果同一楼层全部都是小户型的房屋，建议你挑选全部小户型中的较大或最大面积的屋子。意思就是说，即便是一群鸡，也要成为一群鸡的鸡头，等同于“鹤立鸡群”的意义，可以具备独占鳌头、出类拔萃的运势。

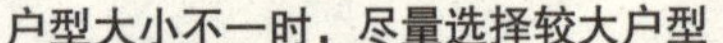

户型大小不一时，尽量选择较大户型

小户型风水必备的四大要点

裕城和妻子晓玫是双薪夫妻，分别担任科技公司的工程师和贸易公司的会计，每个月薪水加起来大约是2万元，属于中产阶级。不过，育有二子的他们，为了让孩子赢在起跑点，几乎所有的收入都投资在一对宝贝身上。

学龄前，花费在才艺班、英语班的钱已经相当可观，现在为了

孩子即将上小学，原本和父母同住郊区的夫妻俩，毅然决定举家搬到城区租房子，宁可每个月缴几千元的租金，全家人窝在不足100平方米的公寓内，也要让孩子跻身重点小学。

这对夫妻的想法和做法是很多现代父母的缩影，纵然要付出相当大的代价，为人父母还是勇往直前。不过从风水的角度来看，小户型先天条件的不足，连带产生的影响也不容忽视，因为它关系到屋内居住者的事业、学业和健康问题。

既然决定选择小户型作为全家人暂时的栖身之地，那么除了考虑预算和学区，家和公司、学校之间的交通问题之外，夫妻俩不妨在风水方面也用一点心思，确保居住的质量和运势，既可以赢得未来，也不会输在当下。

透进室内的光线不可太强，以免形成光煞

必备要点1 | 充足的采光

为什么需要“采光”

任何一个房屋都一定要有采光，才会有阳气（贵气），这是风水帮助我们权力、地位、威望的一项力量。但风水过与不及都不好，好风水的住宅采光，指的是光线温和地进入屋内，但屋内留有荫面，才能阴阳协调，贵气富气都完备。

如果阳光太过强烈，穿透整个屋子，反而是光煞，将造成屋子里的人为求权力、地位、威望而疲于奔命，或失去人性，可能因此带来伤害，甚至失去权力、地位与威望。

常见小户型住宅的采光问题

小户型的房屋，因为室内空间不大，如果采光面太大，光线会一股脑地充斥整个屋子，形成风水的光煞。

化解之道

加装窗帘或是不开窗口，尽量让光煞无法进入住宅内。

风水辞典

什么是光煞

阳光直射屋内或是邻近住家、办公大楼的玻璃、釉面砖墙、磨光大理石墙面、镜片等反射光，让人头晕目眩产生不适，影响身心健康，即形成所谓的光煞。

住宅如果位于光煞方位，容易多生灾难。尤其是正西方位，因为西为白虎，光动冲白虎，易招惹血光之灾，对年轻子女最为不利。

晚上应把窗帘拉上，居住者才有隐私

觅屋诀窍

每户住宅都一定要挑选有光源的，但是小户型房屋的采光面千万不要过大。避开整个墙面设计成落地窗，或开放式空间（屋内几乎没有水泥隔间）。常出现两道墙面都有玻璃窗的格局设计，这些都是所谓有光煞的风水屋。另外看房子至少要白天、晚上分别看一次，才能确认白天是否整个屋子都是透亮，没有一点荫面。

若大门可直通后门或阳台，称为穿堂煞

必备要点2 | 良好的通风

为什么需要通风

任何一个房屋都一定要有通风，才会有畅气（财气），如果属于温和的通风，通风状况又良好，就是风水上的“藏风聚气”，具有财运顺畅，行事亨通的好运势。气流温和地流入，同时在屋内循环，可以使我们人生顺遂通畅，获得财运的机会绵延不断。

常见小户型住宅的通风问题

前面已经说过，风水过与不及都不好，如果风与气流太过疾速强烈灌入，充斥整个屋子，反而是“风煞”，将造成屋子里的人为财而疲于奔命，或失去情感性与人性的一面，因而带来伤害，结果自然得不到金钱财运。

小户型的房屋，因为室内空间不大，一旦天气变化，风和气流转强时，很容易就会一股脑地冲入，充斥整个屋子，形成风水的风煞。

穿堂煞

房屋要通风，但不要一开窗就是强风刮掠而入

化解之道

尽量不开窗，或是将此窗封闭，即可化解风煞。

风水辞典

什么是风煞

举凡对人不利的风，通通可以称为风煞。像是住在狭窄的巷道里或长巷的尽头，气流容易产生窄管效应，让人感觉不舒服；或是过于高耸的建筑物，因为四周缺乏高度相近的建筑物围拱，形成孤峰，风吹如利刃的刀锋，人生容易陷入凛冽之境；或是小户型空间的住宅，因为空间小，如果窗户开大或是风势强劲，立刻灌穿整个室内空间，这些格局都无法藏风聚气，风水上皆为不吉。

觅屋诀窍

房屋要通风，但不要一开窗就是强风刮掠而入。所以挑选小户型房屋时，除了确认一定要有通风源之外，也要留心不要挑到容易使强风灌入屋内的房屋。看屋时，现场记得要打开窗户，亲自感受一下通风状况，气流是温和地进入屋内，还是直接灌进来。并且在屋内各个角落走动一下，感受气流是否在屋内循环畅通，有没有气流无法抵达的死角，或是某个方位、角落的气流特别强劲，让人感觉寒意不适。

天风煞

必备要点3 | 天花板尽量挑高

为什么需要“挑高”

房屋天花板的高度很重要，千万不要为了美观，而挑选不合格的挑高格局；或是为了预算不足，委屈选择高度不够的住宅格局。一般来说，大户型的豪宅，大约挑高六米五左右即可，既能显出气派，又不会太过；至于普通面积的住宅，挑高标准是2.7米，居住在里面的人不至产生压迫感。

常见小户型住宅的挑高问题

小户型的房屋，原本面积、空间已经很小，如果天花板的高度又不够时，空气容量少，循环又不佳，容易产生空间的压迫感，使人身心不舒服。

空间狭迫加上气流不通畅，使得居住于里头的人，无法亨通顺畅，事业发展容易处处受到打压、压制或逼迫，即使拼命努力，仍然难以翻身摆脱困境。

空间小，空气循环差，容易让人心浮气躁

觅屋诀窍

小户型住宅常有楼板过低或是特意“挑高”的情况，前者容易分辨，但是后者却暗藏陷阱。开发商看准购屋人认为挑高可以做夹层的心理，结果只挑高三米六，扣除天花板厚度约十公分，所谓三米六的小户型，只能隔出阁楼或是储藏室，人勉强住在顶层的话，几乎无法正常作息，压迫感很大。购买现房或二手房，甚至租房时，都一定要实际走一趟，置身其中地亲身感受。如果是购买期房，更要再三确认高度，避免日后出现误差。

挑高设计可让室内空间变得较宽广

必备要点4 | 内部空间需有区隔

为什么需要“独立空间”

在风水学上，厨房主掌理财、财库；房间主掌个人运势、婚姻、桃花；客厅主掌家庭和谐、领导地位。如果居住的房屋，厨房与客厅、房间全是开

开放式的格局，运势不稳定

开放式的格局，可用家具或屏风做区隔

玻璃材质的装潢，可让空间相形较大

放空间，彼此界线不明，居住使用混在一起，意味着各个区域的运势没有格局界线，容易产生互相冲撞、拖累的情况。

常见小户型住宅的隔间问题

一般来说，如果是70平方米的小户型，应该是会有隔间的，至少厨房、客厅、房间是独立的区域。但是40平方米的小户型房屋就不一定了，碍于空间的限制，许多开发商都是强调空间弹性运用，也就是没有隔间。只有少数是有隔间的，原因是很多人认为空间已经够小了，隔间会让它更小。

觅屋诀窍

除非是30平方米大小的迷你一居，具体隔间不太可能，只能以布幔或家具取代隔间，否则的话，选屋还是要选有隔间的房屋，至少厨房、餐厅、房间分别有独立的格局空间，让财库、个人运势和领导地位的风水能量，能够各自独立发挥作用。

万一期房的格局是没有隔间的，宁可多花一点钱，也要事先要求房产商修改设计图，略作调整，以期符合好风水的条件。

第六章

CHAPTER 6

小户型十大布置重点

每户不同的风水格局，都对照出里面居住者迥异的运势。俗话说“命好不怕运来磨”，这固然是面对人生困境的正面态度，但是如果能够更积极一点，借由运势改造的加乘效果，让人生路途更顺遂，少走一些冤枉路、少吃一点苦，多一些贵人相助、多把握一些良机，又有何不可呢?

小户型房屋带来的是好运还是厄运，外在环境和本身格局固然具有一定的影响力，但是居住在里面的人如何运用和布置空间，也会产生一定的作用。前面一章已经提过，关于购买现房或是期房时，可以在风水重点的区域进行局部改建，让小户型也能具备好风水的基本条件。但是万一格局本身无法变动或是碍于经费不能进行设计改建时，还是有办法改运营造出有利风水的住家格局的。接下来我们就从“空间使用”和“家具饰品”两大方面，帮助大家找出改造小户型风水的重点和布置要诀，不需要花大钱，就能达到加强好运势的显著效果。

其中，居住者的个性、癖好、卫生习惯，以及购买家具、饰品的实用考虑、审美眼光，甚至收纳技巧，都是不可忽视的环节。唯有注意每一项小细节，贯彻执行，才能赶走厄运，招来好运势。不相信的话，下面的化名个案都是真人实事，见证他（她）们的人生转折变化，谁还能拍胸脯说户型大小决定一切?

小户型空间改运法

有一年，我非常巧合地前后连续接了同一栋楼的两户个案，两户面积、格局，甚至方位，居住者的人数都一模一样，差别只是楼层高低。但房主的运势却是天壤之别，究竟原因何在？到底哪里出了问题？

【案例A】

居家布置对住户的运势有非常大的影响

房主是退休的老先生，妻子辞世多年，他和膝下一对未婚的儿女同住。老先生省吃俭用一辈子，攒钱全部投资在子女教育上，好不容易供养他们念到大学毕业。

原本以为自己总算可以享清福了，结果大学毕业的儿子，虽然念的是热门的信息科学，但是毕业一年半了，还迟迟找不到工作，自尊心受到严重打击，脾气也越来越古怪，成天躲在家里不出门；另一位念法律的女儿连续多年参加司法考试，却屡试屡败，只能在律师事务所当助理做一些苦差，薪水非常低。

眼看老本即将用尽，孩子的工作又没着落，老父亲这下子可慌了。亲戚劝他“儿孙自有儿孙福”，指望他们养老是难如登天，倒不如重新整理老房子转租或出售，自己一个人搬到养老院。刚好这位亲戚曾经找我看过房子，于是介绍我帮老先生看一下风水格局，希望为老房子找新出路。

亲自走访了一趟，我发现其实这所老房子虽然房龄有二十几年，但地段不错。不过一家三个成年人住在80平方米的房子里，确实是拥挤，以前孩子小可以男女挤一间，后来长大了只好将厨房当成房间用，将过道当成简易厨房。因为女主人早逝，没人在家做饭，一家人一般都是在快餐店解决三餐。

老先生念旧节省，东西舍不得丢，家里老旧的家具和物品成堆，平常也舍不得开灯，一进门就感觉昏暗无光，陈旧腐气，混合着厨房食物和厕所秽气的味道扑鼻，实在是不太舒服。为什么不开窗让房子通风呢？原来是老人家体弱畏寒。

【案例B】

另一户是一对夫妻，三十岁出头，两人都任职科技公司，先生是工程师，太太是会计。十年前，新婚贷款买下这套房子，当时誓言当丁克族，双薪收入加上太太的专业理财，不但很快还清贷款，还另外有一笔可观的积蓄。

夫妻俩原本一度考虑换一套大户型的房子，提升生活质量，兼具投资保值。没想到人算不如天算，妻子的肚皮竟然意外“中奖”。既然老天爷决定送子给这对夫妻，他们也惜缘改变初衷，迎接宝宝的到来。

妻子为此甚至辞职，专心在家带小孩，但是个性闲不下来的她，偶尔还是会接活在家里做，贴补家用。初期只是零星地帮熟识的朋友兼职会计，慢慢地客户越来越多，简直都快忙不过来了。我受托看风水，原因是房主希望将客厅改成办公室，想要询问办公桌开运布置的事宜。

踏进屋内，空间虽然不大，但是看得出来女主人专职打理家务的用心，窗明几净。即使家里有两岁大的小宝宝，仍然整理得条理有序，好像进入样板间的感觉。另外，为了放大空间的视觉效果，同时让妈妈可以随时监看宝宝的活动，房主把厨房设计成半开放式的玻璃隔间。担任工程师的先生，果然在规划空间运用方面别出心裁。

大门外的位置，可加装灯光，让空间更明亮开阔

布置重点1 | 大门内外要明亮

风水重点

外明堂是大门外面的空间，主掌人际关系、贵人，工作事业的业务推展；内明堂是大门里面的空间，主掌财路、财运。多数的小户型房屋，这两个区域空间都不大，先天不利于人际关系、贵人，工作事业的业务推展及财路、财运。

如果为了省电费或是舍不得丢掉不用的东西，影响视觉的开阔和明亮，将会导致外明堂和内明堂空间狭小的问题更严重，也会为事业和财路、财运的拓展增加阻碍。

装潢布置要诀

1.**空间尽量净空**：清除不必要的障碍物，让空间净空到最大。

2.**加强灯光照明**：运用明亮的白光灯，让外明堂和内明堂拥有足够的照明，增加能量，也会让空间产生扩大的感觉和气势（能量）。

好运旺旺来

只要这两个区域的空间感扩大，照明充足，能量转好，个人的竞争优势就会突显，业务推展和财路、财运的道路也会畅行亨通。住在屋里面的人，本身的能力越有机会被人发掘；人际关系、贵人也会主动靠近；求职、应考的胜算增加；客户自动找上门的几率也大大提高。

大门内外空间尽量不要放置物

闲置的空间，应维持整齐，不可堆放杂物

布置重点2 | 厕所、厨房应保持清洁干燥、无秽气

风水重点

小户型房屋，因为面积、空间小，厕所、厨房或是屋内环境只要有秽气，一定会马上充斥每个角落，破坏整个屋子的风水气场。纵使房屋的方位及其他风水重点都很好，也会被秽气的气场破坏殆尽，不可不慎。

装潢布置要诀

凡是居住环境，尤其是小户型的房屋，更需要注重厨房、厕所、环境空间的卫生问题，务必做到整齐、清洁、干燥、干净、没有秽气。

好运旺旺来

一旦屋内整齐、清洁、干燥、干净、没有秽气，风水气场自然会变得顺畅。住在屋里的人，不但身心的健康情况良好，不容易生病，做起事情也会更顺利，带动事业的亨通好运。

小户型只要厨房有秽气，就会马上充斥每个角落

布置重点3 | 屋内空间的采光、通风需良好

风水重点

空间狭小的房屋一定要通风，人在里面才不会感觉窒闷，气场窒碍难行就会导致运势险阻不顺利，事业发展容易陷入混沌，原地打转走不出去。但是通风指的是气流温和地、慢速地在屋内外循环流动，而不是疾风掠过、蹿入屋内。否则钱财就像一阵劲风，吹进来，很快又跑掉了，根本留不住。采光也是一样，除了前面提到的外明堂和内明堂要加强照明，屋内的采光也需要注意，最好能有适度的自然光，让窗外的光线可以进入屋内的部分空间，但是不可以全屋透亮，感觉就像整天置身在烈日下一般，终生劳苦，赚的都是血汗钱。要留下一些荫面，阴阳协调，赚进来的钱财才有守住的余地。

装潢布置要诀

过与不及的通风和采光都不利于风水，所以大门、后门、窗户等任何会带进气流和光线的地方，都要适度的调节。风大或是太阳容易直接射穿屋内的住宅，可以借由窗帘、门帘，或是加装百叶窗、纱门、纱窗等，达到避免强风蹿入、日头直射屋内的目的；采光或通风不佳的住宅，则可以用电风扇、通风空调、灯光照明等加以改善，让屋内的气流温和流畅，采光恰到好处。千万不要为了省钱，整天让屋子黑漆漆或是闷不通风。

好运旺旺来

气场一旦畅通稳定，采光达到阴阳和谐，住在屋子里的人，自然可以获得风水之利，协助带起顺利通畅的运势和绵延不断的财运。努力赚得的钱财可以守住，才有机会慢慢累积成富。

布置重点4 | 厨房和其他空间最好有所区隔

风水重点

小户型的房屋因为空间不大，通常厨房的格局也十分简易，如果有独立空间，肯定不是太大，最常见的是全开放或是半开放式的厨房，也就是说，厨房没有独立的隔墙。但是厨房代表财库，最好有一个比较具体的空间区隔，代表财库自成一格。千万不要随便在通道或是阳台摆上燃气灶、橱柜，就当成厨房来用了，缺乏财库发挥聚财的作用，辛苦打拼的所有收获，想留也留不住。

装潢布置要诀

空间不够大时，如果勉强将厨房隔间独立起来，恐怕又会制造出另一个风水的缺点问题——空间挟迫。建议原本没有厨房独立空间的小户型房屋，可以将厨房做成半开放式，或是运用透明玻璃隔间。这么一来，既可以拥有独立的厨房（财库），又不用担心空间感变得狭迫，避免陷入为了独立厨房（财库）的优势，制造出另一个风水问题的矛盾。

好运旺旺来

厨房有了独立空间，和屋内其他空间区分出里外格局，代表宅内有个聚财的专属城堡，金钱积蓄就不会轻易地流失掉，而且还会越聚越多。住在里面的人，理财运势也会更佳，俗话说“你不理财，财不理你”，没有财库的时候，想要理财也没有办法，有了财库，就可以好好运用规划，让手边的财物发挥更大的效用。

厨房一定要有独立空间，这样宅内才有了聚财的专属城堡

布置重点5 | 屋子≠仓库

居住环境要舒适，一定要保持干净清爽

风水重点

很多人都有一个习惯，喜欢收集、收藏一些可能长期不用的东西，比如空箱子、空瓶子、空盒子、塑料袋、旧报纸、废电器等。

如果是大户型的房屋，又有专门堆放闲物的仓库，那也就罢了，现在流行复古风，不少人因为喜欢收集老旧的东西，除了当做个人收藏嗜好之外，也可能成为另一种致富之道，像是有人因此开复古餐厅、复古博物馆等等。

不要将居住空间当作仓库

但是如果住的是小户型房屋，生活环境空间本来就已经够狭小了，实在没有太多余地可以堆放杂物。这时候就要做一个取舍了，否则太多杂物堆放，把房子当仓库用，会让让空间变得混杂、混乱又狭迫。住在里头的人，一天到晚有成堆繁杂琐碎的事绑住自己的生活与心情，干扰好运的伸展。

装潢布置要诀

一些不需要或是根本用不到的东西尽量不要摆在家里。学会“放下、释放、丢掉”的哲学，尽量将不要用、用不到的物品丢弃或送人，千万不要把已经空间狭小的小户型房屋当仓库使用。清掉一些根本没用或是用不到的东西，让屋内的人拥有比较宽敞的空间和良好的居住质量。

小户型的物品要收纳得当，看起来空间才会大

好运旺旺来

“唯有舍得才能获得”，相信大家一定听过一个寓言，放开紧握的双手，才有机会抓住新的机会，把握新的可能，留住新的资源。丢弃人生不需要的累赘，摆脱过去，丢掉包袱，才能大步迈向前。

至于“捡宝”的嗜好，等到以后赚钱买大房子的时候，再来规划专属的空间经营兴趣也不迟。

小户型家具家饰改运法

在我接触的客户当中，不少买下高价小户型的人，都是抱着自住兼投资的想法，其中不乏单身贵族和金融新贵。他们有的在附近金融大楼担任主管要职，有的是时下最热门的时尚SOHO一族，为了节省通勤时间，加上邻近购物商圈等便利性，选择小户型居住，准备将来成家或是退休之后，升格当包租公或是包租婆。这些高价位

小户型的房主，具备同样精准的投资眼光，也拥有超出一般市井小民的财力水平，代表他们过去的事业、财运相当不错，或是拥有优于他人的雄厚背景支撑。但是大家不要忘记了，风水运势是会流转的，除了天生命格的作用、流年运势的改变之外，住宅风水的影响力也不容小看。能否继续延续过去的风光，还是未定之数呢！就以我认识的两位小户型房主为例，买的是同一家房产商的房子，分住A栋和B栋，格局和面积相差无几，但是住进小户型之后的运势，甲先生和C小姐却是大不同。仔细推敲其中的原因，住宅设计装潢的细节，恐怕是主要原因。

【案例A】

甲先生本身是设计师，审美眼光和规划空间的技巧一流，称得上是收纳达人。走进他家的大门，简直要怀疑里面到底有没有住人，我甚至不敢相信这个房子的实际只有70平方米，因为空间非常宽敞，除了基本必要的几个橱柜家具，几乎看不到任何杂物堆放。忍不住好奇他的东西都摆在那里。经他一一介绍才揭开谜底，原来他家的沙发、床铺、床头柜、电视嵌入的墙面等等，全部都具备置物收纳的功能，房主将一物多用的功能发挥到了极致。更妙的是，为了让视觉产生错觉，他还在几个小地方动手脚，像是壁灯的使用、悬空橱柜、隐藏式衣橱等。参观过他家的客人，每一位都惊叹连连，直说："有机会一定找你帮忙设计！"聪明的他，等于将自己的设计才能，做了一次成功的广告推销。相信他的案子，以后一定是接不完。

大一居为求视觉空间更大，多采用半开放式设计

【案例B】

C小姐是某家知名金融公司的高级主管，负责海外拓展业务，平均每个月出国的时间，几乎占一半以上。经常出国奔波，加上单身、公事繁忙等因素，“家”对她来说，差不多是“旅馆”的同义词。

买了房子之后，她也因为没时间而全权交给家人帮忙打理。为了摆放C小姐每次出国工作血拼的战利品——一大堆的名牌衣服、皮包、高跟鞋，世界各地的纪念品，家人选择了超大的置物柜，希望可以全部摆进去。

结果室内的空间，几乎被占据了一半，剩下能够活动的空间反而不多，最后牺牲的反而是女性该有的梳妆台。C小姐觉得自己待在家里的时间不多，有没有梳妆台也无关紧要。

不只如此，出手阔绰的C小姐，坚持客厅一定要挂水晶吊灯，才可以显出气派和贵气，所以花了几十万元，买了进口水晶吊灯挂在了屋内正中央。确实是十分醒目，身高如果超过180厘米的人经过可能都要为它低头呢!

不久前新居落成，好友们才为C小姐齐聚开了一场乔迁派对。谁知道没隔多久，就传出C小姐工作的公司出现严重的财务危机，所属单位的账务也被相关部门调查，C小姐虽然自认行事清白，没有任何不法之事，但是也只能等待真相大白。原本意气风发的她，顿时陷入霉运当头的乌云之中。

女性住户的房间一定要有梳壮台

布置重点6 | 避免使用垂挂式的吊饰

天花板平整就好

风水重点

小户型房屋因为空间狭迫，除非是挑高格局，空间的高度足够，否则任何装潢家饰都要尽量避开垂挂式的设计，吊灯、吊扇等让已经狭迫的小户型房屋更具压迫感，甚至造成风水上的“天罗”问题，住在屋子里的人，运势容易被困守、压制住，难以挣脱寻求翻身的机会。

风水辞典

什么是“天罗”？

住宅风水里面常提到“天罗地网”，天罗指的是楼板（包含横梁）出现空间压迫，地网则是空间的立面墙面出现狭制，让地坪变小。空间一旦因为楼板或是立面墙面产生紧缩感，代表着生活在屋内的人被紧紧包围，运势落入“天罗地网”，个人的事业发展也将受困其中。

装潢布置要诀

加强通风和采光是必要的，但是灯光照明的装设，要避开使用吊灯，多用壁灯或是贴紧天花板的装饰灯；通风扇的装设，也要避免使用吊扇，改用立式电风扇。

好运旺旺来

过去常常错失良机、贵人的人，一旦挣开住宅空间不利风水的束缚压迫，运势将破茧而出，得到大展身手的表现机会，能力容易被人注意到，在工作方面会大大受到重用，眼前出现的机会和贵人也可以及时伸手把握。

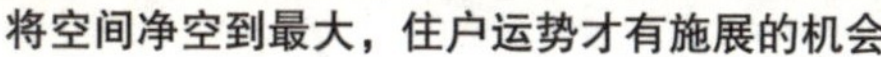
将空间净空到最大，住户运势才有施展的机会

善用收纳，可让小空间整齐而不凌乱

布置重点7 | 善用收纳柜充分利用小空间

风水重点

延续前面住宅风水“天罗地网”对运势的影响，家具陈设过多就如同墙面变厚变多，日常可以活动使用的地面坪数自然变小，已经不大的空间将变得更窄迫，产生风水的“地网”问题。

装潢布置要诀

住小户型的人，一定要有“简单就是美”“少就是美”的空间留白概念。理由是房屋空间本来就不大，进行居家布置或开运陈设时，要尽量选择可以设计挂在墙面上的家具饰品，不要摆设体积过大的家具。能够省略的陈设一定要省略，所有物品尽量善用收纳的技巧，缩小占用的体积，避免占据地面空间。

好运旺旺来

将空间净空到最大，避开环境空间的狭迫带来风水的“地网”问题，居住在里面的人才会活动自如，运势才有施展的机会，事业版图才会越做越大，赚进来的钱财也可以拥有比较宽敞的聚地。

布置重点8 | 选择凹缩款式家具，营造视觉延伸的开阔感

风水重点

很多小户型房屋的房主，为了解决地面空间过小的问题，索性把室内的柜子，像是书柜、碗柜、储物柜等设计成悬空。这个点子的确可以避开前面提到的“地网”问题。但是装设悬空的橱柜却会让屋内上半部的空间更小，住在里面的人呼吸吐纳出来的废气，只能在窄小的空间内循环，风水的气场郁闷不通畅，运势也会越来越窒碍难行。

装潢布置要诀

解决的方法很简单，只要记得尽量将悬空橱柜的踢角部分设计成悬空抬高凹进去的款式。这么一来，就可以增加柜子底下抬高的踢角空间，改善空气环流。同时达到视觉延伸的加分效果，从凹线往地板看的时候，产生往内延伸的空间感。

好运旺旺来

每一户住宅的空间，几乎都无法避免柜子占位的问题存在。但是只要懂得设计规划，即使是小户型的空间也可以减少空间被阻绝的困扰。

唯有空间的气场通畅、格局的视野开阔，贵人有管道可以走靠身边、机会有停留把握的余地，运势开展才会顺利、财源财运也将源源不绝。

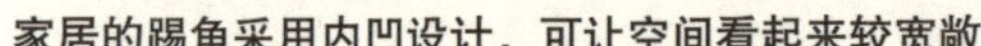
家居的踢角采用内凹设计，可让空间看起来较宽敞

布置重点9 | 卧室可利用床头箱及掀床底座做收纳

风水重点

小户型的房屋，不管有无隔间，都要尽量地净空空间，风水才不会出现劣势，不会有碍居住人的好运。

装潢布置要诀

为了充分地利用与争取空间，小户型的房屋最好尽量将家中的物品做好收纳工作。比方说，床铺很占空间，但是如果选购有床头箱和掀床设计的床铺，就可以一物多用，将平常用不上的物品收纳摆放在床头箱或掀床内，使有限的居住空间，不至于被家中物品占据过多。

好运旺旺来

有了宽敞的空间，住在里面的人也会拥有更好的生活质量，思绪不容易被杂物干扰，想象力可以天马行空地尽情发挥，身体活动也得到更宽广的伸展空间，运势自然转好，事业前途也会慢慢步上光明坦途。

舒适宽敞的空间，可以让身心都得到适当的伸展

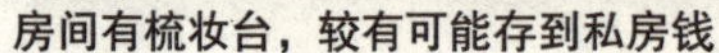
房间有梳妆台，较有可能存到私房钱

五斗柜上摆梳妆镜，也可代表梳妆台

布置重点10 | 卧室应设置简易的梳妆台

风水重点

小户型的房屋，不管是全开放的单间还是有隔间格局的房间，都应该要有一个梳妆台。因为梳妆台代表个人的财库，也是私房钱的风水位置，没有梳妆台的人，钱不容易留在自己的身边，也不容易有私房钱。

装潢布置要诀

无论房屋空间大小，梳妆台在风水运势上，是绝对必备的素材。万一空间真的非常有限，小到连一个迷你型的梳妆台都摆不下的话，至少要准备一个在功能上可以具象征性的替代品。

像是在五斗柜上放一个梳妆镜及化妆品，代表梳妆就是在此地，也可以勉强算是梳妆台。或是床头箱也可以比照五斗柜，拿来当成梳妆台使用，也可以称得上是梳妆台。

好运旺旺来

千万不可以轻言弃守自己的财库，只要简易的梳妆台或是替代品就可以解决这个问题，说什么也要为它在家里留一个地盘。特别是女性朋友，能不能存下私房钱全看它了。

第七章

CHAPTER 7

小户型大变身——小户型改造个案

在经济状况还未稳定或是尚未成家之前，小户型和合租是年轻人很好的选择。

不过再怎么说，小户型空间总是不够宽敞，格局也多有不足，因此为了让年轻人可以从小户型出发，往较大户型、较完整格局的房屋迈进，本章特别举四个小户型为例，所有居住小户型的读者皆可参考其中的布置方法，只要细心打点自己的生活环境，小户型也可以营造出好风水。

经典跃层小户型

陈先生是位年轻人，第一次购屋，因为经济能力有限，又是单身一个人，所以他选择了一居。空间虽然只有40平米，但因为挑高四米八，有足够条件可以做成夹层屋，变身跃层。加上买的是刚完工交屋的全新房子，本来就规划全屋装潢。规划房屋内部设计的同时，他当然也想要在风水格局方面为自己创造未来事业的好运势，希望在个人努力和运势助力的双重加分下，拥有飞黄腾达的人生。但是他毕竟年纪尚轻，为了买房子已经竭尽所能，手边可以动用的装潢经费并不宽裕。请问应该如何装潢才能打造出跃层小户型的好风水呢？

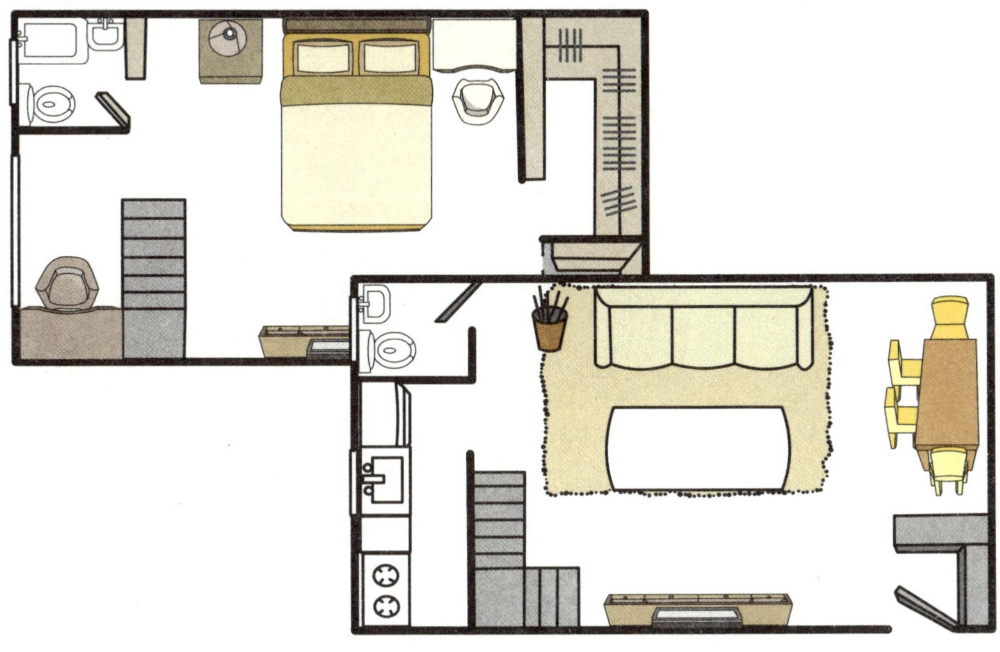

改造部位1 | 内明堂

改造重点以装潢设计为主要调整

大门进来的内明堂，主掌财路，因小户型的空间有限而显得狭窄。

第一招 加大内明堂的空间感

1.内明堂这部分的区块，不做夹层，直接挑高四米八，直升楼板。让内明堂的空间往上直升，破解这区块狭窄的空间。

2.楼板上装设一盏白光吊灯，垂吊在跃层的夹层之上。

改造后

挑高的内明堂，白光吊灯，镜子反射，空间感会更大。加上黄光灯，以及依空间、装潢风格与视觉气氛选择恰当的招财摆设对象，将有助催化内明堂风水，招来四方之财，使财运旺旺来。

大门外的光线应明亮不可阴暗

第二招 将内明堂区隔出餐厅的简易格局

1.内明堂做一片玻璃夹金纱隔屏（不占空间的设计），或改做成吧台盖式的玄关玻璃橱柜（内明堂及背后小小餐厅两者双用的简易橱柜）充作小玄关，让内明堂与内部空间分出里外。

2.内明堂隔开的后方，设计成为一个温馨的小小餐厅，用黄光灯（横插灯管BB灯）照明。原因是夹层设计，面积空间又小，不宜用吊灯。

改造后

厨房具有独立的空间感，成为聚宝的稳当财库，再布置有招财效果的黄光灯、开运的画作和造型灯具，可以催化衣食生活物质上的享用质量与金钱来源获取。

加分的开运物件	温馨小餐厅：墙面挂一小幅的手工油画或写实水果篮画作（不占空间的摆设），并于适当的墙面处装设一盏小小的蜡烛造型灯具（不占空间的设计）。

第三招 将内明堂区隔出客厅的简易格局

1.内明堂接着往内，设计成一个温馨的小客厅，用黄光灯（横插灯管BB灯）照明，因为夹层设计，面积空间又小，不宜用吊灯。

2.客厅再往内，则做出楼梯上二楼夹层，使楼梯得以远离大门及内明堂。

改造后

楼梯远离大门和内明堂，可以避免工作事业及赚钱因风水而劳苦的结果。简易客厅的余裕更可以让气场具备循环停留的机会，努力打拼的成绩才可以慢慢储蓄累积，钱财越滚越多。

加分的开运物件	屋内所有木制装潢柜子，在踢角的部位，设计抬高内凹的造型。同时最好在抬高内凹的踢角藏照地间接灯。一来有让视觉延伸的空间感；二来当灯光一开启，将有助于拉开空间的感觉；三来如果仅开启这间接灯，将有不同的生活气氛。

跃层设计尽量不要用吊灯

改造部位2 | 厨房和厕所

消除秽气的障碍、稳固财库的位置 将容易形成屋内秽气来源的厕所，以及具有积蓄财富作用的厨房财库，规划在一楼最底部的空间。

厕所会产生秽气，尽量要规划在一楼

改造后

厨房在最底部，守财有成，也不会因为守财而去苛刻到生活的质量。

改造部位3 | 跃层的格局装潢

改造重点 对应的格局安排

首先，二楼夹层直接做开放式的单间，对应一楼的风水格局，将其分成三个区域装潢布置：

（1）楼梯上来的左手边（也就是一楼厨房的正上方），设计一个开放式的书房，留采光及通风源，一套卫浴。

（2）往前（也就是一楼客厅的上方），是留给床铺的位置。

（3）再往前（也就是一楼小餐厅的上方），则做一个更衣间。

其次，在内明堂的挑高缺口及楼梯缺口，用1.2米高的水平栏杆或强化安全矮玻璃围起来。

改造后

一楼和二楼风水格局相呼应的安排，除了可以避免彼此相冲，损害运势的发挥，还能因此得到加乘效果，好上加好。另一方面，让视觉可以自二楼往下面看，会让空间更开阔舒畅，活化、顺畅整个小户型跃层的风水。

加分的开运物件	在房间床头箱或边低柜、梳妆台、书桌、窗户等风水区块部位，再按本书第五章的内容，依本屋空间、装潢风格及视觉气氛装设选择恰当的开运对象做装设。

独立式全开放小户型

王小姐目前单身，收入有限而且一个人用不着太大的房屋。多方考虑下，决定租40平米大的一居室，格局是全开放式，内部没有水泥隔断。

这下子问题来了！小户型的空间风水本来就居于劣势，王小姐考虑经济问题，不得不租这样的房屋来居住，但是她也不免担心，自身经济有限，碍于现实住在风水不优的房屋，会不会雪上加霜？何时才有好运帮助自己翻身呢？该不会遥遥无期吧！

全开放式、没有水泥隔间的风水屋，要如何摆设变身，才能突破小户型的空间风水问题，进而开启风水带来好运，帮助自己尽快顺利如意呢？王小姐抱着赚钱走运，希望赶快有经济能力换更大、风水更优的房屋的梦想，甚至编织着从此摆脱无壳蜗牛族，成为有房一族的美好未来！

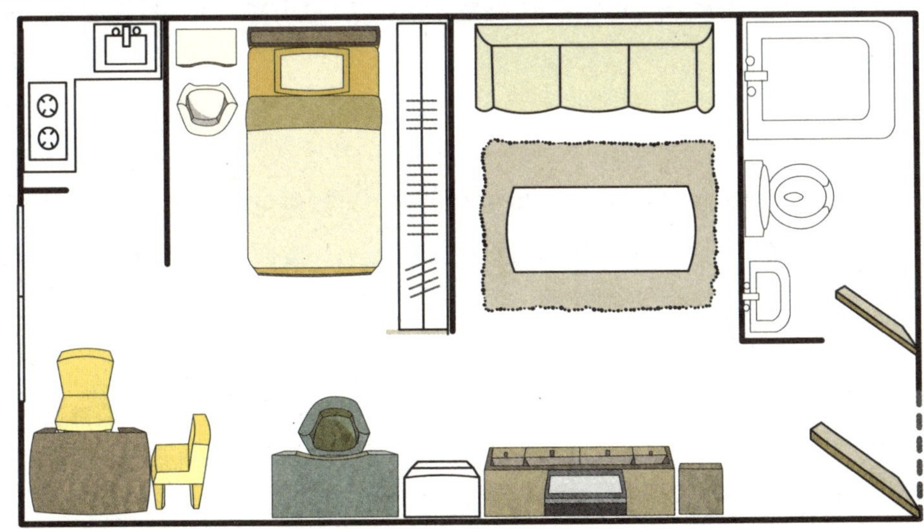

请问她应该怎么做才能在当下住得开心愉悦，又可以迎接好运旺旺来？

> **蔡老师建议** 像这种独立式全开放的居室，仅有40余平方米的空间，很难做装潢，其实也用不着怎么装潢。倒不如将重点放在空间摆设，利用可移动的家居用品、家具做区隔，也可以达到风水变身的效果。

改造部位1 | 大门和内明堂

独门独户的独立小户型，百分之九十都是大门一进来，就夹着一个卫浴或厨房，也就是主管事业、工作职场的大门风水，及主管财路、财运的内明堂风水，紧贴着厕所或厨房。

这项风水格局的先天缺点，容易带来工作、事业、职场、财运上的不顺利，甚至衰事、背事、烂事等厄运连连，工作经常不保，财运可说是一塌糊涂（大门贴厕所）。即使努力存了一点小钱，也是自己疲于奔命劳苦，卖命工作所得。好不容易赚来的钱，当然舍不得花，生活质量自然无法提升。极度苛刻自己的结果，就是成为一个十足可怜的守财奴（大门贴厨房）。

第一招 让内明堂净空到最大的空间

1.大门进来的内明堂空间，绝对不能堆积任何物体，尽量让内明堂净空到最大的空间。

2.用白光的电灯照明这区域，再于内明堂的厕所外墙挂置镜子配合灯光来反射内明堂的空间。

3.内明堂的底部，靠近电视柜的地方，摆设一个小鞋柜（这个位置才不会占据内明堂的空间）。同时记得鞋子要常清洗、曝晒杀菌，除去秽气。鞋子不要裸露到外面来，才不会因为小户型房屋的空间小，让鞋子的秽气很快充斥整个屋子。

在玄关的鞋柜上挂向日葵花田油画，可增添明亮感

改造后

有了明亮、空间感足够的内明堂，再加上开运招财物品的助力，即可启动这小户型屋子的财运力量，帮助招来更好的财利。

第二招 勤于打理，清洁浴厕

1.浴厕是大小便排泄的地方，秽气制造之所，虽然卡在大门内及内明堂的旁边，但只要经常勤于打理，使其整齐、清洁、干燥、干净、没有秽气，也就不会影响风水，不至于妨碍工作事业、财运。

2.多利用负离子、臭氧、空气净化器来协助净化风水的气场，绝对比摆设一些煤炭、干茶叶、除秽包、小植栽等还要管用，效果好上百倍。

改造后

原本空间不大的内明堂，也会因此比较通畅，让财运得以进入，并且有机会落袋为安。风水格局虽有一定的道理，但是如果不可能，也没能力改变浴厕或厨房在大门里的问题，寻求其他破解办法也是另一种改运的选择。

改造部位2 | 善用家具区隔空间和避开风水问题

此一个案的房子虽然小，但只要充分利用空间，并用家具来作为隔间，缩小家具的体积和占地面积，还是可以发挥“麻雀虽小，五脏俱全”的风水功能的。

第一招 充分利用空间，以家具作为隔间

1.在全开放式的空间内摆设一个衣厨，作为客厅及卧房的隔间，放半套沙发桌在客厅里，还可加一个电视柜。

2.卧房再用拆解组合式的厨具摆设，隔出一个半开放的小小厨房。因为一个人居住，要充分利用空间，再摆其他必要的元素，所以卧房只要摆一张单人床就可以。

3.单人床可加置一个床头箱，并用掀床的款式，作为家居的收纳柜。

4.卧室的空间还可腾出空间来摆设梳妆台、书桌等。

第二招 巧妙避开直线侧对的风水问题

1.小冰箱就放在书桌旁，更与衣橱对称，使格局方正好看，动线流畅，又可与电视柜来挡住（破解）大门一直线侧对书桌的问题。

2.厨房的对面，放一个简易的小小餐桌（像麦当劳的那种简单小餐桌），在燃气灶的侧边用一隔屏挡住（破解）炉火与小餐桌的直线侧对问题。

改造后

以上的摆设，因为空间充分地规划，利用家具做隔间，不用大型家具，将可规划出客厅、卧房、餐厅、厨房、书桌、梳妆台等家居的风水元素，有了财库（厨房及梳妆台）、桃花恋情（窗户及梳妆台）、衣食生活物质（餐厅）、文昌（书桌）的风水定位。

利用家具做隔断，既可收纳又可达到区隔效果

合租房屋的开运重点装饰

现在都市的上班族和学生族，因为大城市房租非常高，选择合租两居、三居的人非常多。

吴先生是一位上班族，单身，单位附近的房子租金都很高。租金便宜是吸引他合租的主要原因，虽然必须因此忍受和其他陌生住户共享洗手间、厨房、客厅的不便利。

但他的内心还是期盼着，有朝一日能够尽快买属于自己的房子，至少有能力租住一个属于自己的独立天地，不用再和陌生人共同居住在同一户里。

像他这样的年轻朋友很多，如何达成心愿，赶快脱离现在困窘的生活环境，适当安排、布置风水，绝对是让自己能快快开运的快捷方式。有了运势的助力，不但财运方面有能力换一个较优、享有个人空间的独立房屋，其他在工作、爱情、健康各方面也会事事得意。

改造部位1 | 房间门

房间门主掌个人的工作事业、职场运势，房间门后的地方正是这房间的内明堂（主管财路、财运）。

在房门里外的天花板，补充白光的照明灯光，可以的话并于门外或门内的天花板位置，加置一盏投射灯直接照射在门片上。

改造后

这种十几平的房间，没有空间可以改造风水，所以必须将脑筋动到天花板的地方。以补强灯光的方式来建立风水的能量磁场，既不占据空间，避免出现适得其反的风水问题，又可以旺盛职场运势。

改造部位2 | 房间门内的内明堂位置

第一招 净空内明堂

1.房间门内的内明堂位置，不要堆积任何杂物或物品来挤压空间，使得财路受阻，影响财运的顺利创造。

2.内明堂不能放置垃圾桶，否则会败坏内明堂的风水气场，让财运无法汇聚而来。

第二招 消除鞋柜的秽气

1.鞋子要用鞋柜收纳起来。通常制式的鞋柜体积可能会过大，不妨多利用DIY的卡通柜或组合柜，尽量选用体积较小的柜子来充当鞋柜。

2.最重要的是鞋子要勤于清洗、曝晒，否则这种小空间绝对难逃秽气的吞没与侵蚀。一旦整个房间的风水气场被破坏，再摆设什么开运物都是徒劳无功了。

改造部位3 | 房间内的位置

第一招 让气流可以温和循环

1.将衣橱摆设在房门进来的正对面，当空气自房门一流入房间内，会先撞击到衣橱侧壁反弹盘旋在这区域（内明堂），即所谓风水的“藏风聚气”，让财运滚滚而来。

2.这里的开放空间（内明堂）不能留太小，避免造成空气环流时不舒畅的压迫感，反而无助于财运的顺畅度。

衣橱可放在房门的正对面，让气流可以温和地盘旋

第二招 尽量拉开床铺和房门的距离

1.房门进来，一直到房间内的空间安排，要尽量拉开床铺和房门的距离，最好是拉开、拉远一点。让空气环流可以在房门与床之间，温顺地流动，有助于个人运势的顺遂亨通。如果床与房门之间的距离太紧迫，空气环流不够舒畅，一开门，空气就直接冲击到床铺，个人运势也会疲于奔命、艰辛劳苦，尤其体现在工作与财运上。

2.如果空间还足够的话，床铺左右两侧最好也留下少许空间，让空气环流可以顺着盘绕于床铺周围。如此一来，个人运势将有更多的舞台空间可以表现和挥洒，工作发展更顺利。

3.还有空间的话，一定要再摆设一个梳妆台、

若是空间不够，梳妆台可以与书桌合并使用

书桌，才有个人财库、桃花恋情及文昌运势的能量。如空间不够用，则可将梳妆台与书桌合并使用。

改造后

摆设梳妆台和书桌的位置点很重要，一来不能影响动线，二来与房门的距离有些拉开，三来要感觉是在一个很安稳无挟迫的角落，才能安定与守护财库、桃花恋情及文昌的运势。

加分的开运物件	依照现有摆设后的空间感，看看房门的内明堂，床头边低柜、梳妆台、书桌等位置，还能否再摆设一些开运物品。如果可以的话，依照便利性、经济能力、空间感，摆设恰当的开运物品。注意！千万不要摆太多，压缩空间形成反效果。

合租房屋常见的风水问题

李先生和吴先生是同事，所以结伴租房，住在同一户公寓里。不过李先生因为个性内向，加上洁癖使然，不喜欢和陌生人共享一间浴厕，所以他租了其中有自用浴厕的单间。

李先生的心声，当然与吴先生一样，希望能在这像鸟笼子样的生活空间里，突破风水的挟制，借助风水布置，打开好运，早日完成理想中的人生蓝图。至少希望工作顺利，将来创业，买房子，娶妻生子，过上小康生活，一家人和乐融融，退休，健康平安。

卧室门和厕所门相对，财运不通

改造部位1 | 厕所卫浴

李先生的居室，因为有卫浴在里头，所以造成房门与厕所门门对门相冲的问题。厕所是大小便排泄的秽气之所，这一直线穿越房门的内明堂（主管财路、财运）冲到主管李先生职场运的房间门，容易造成工作事业、财运等衰事、烂事连连。

第一招 解决秽气之源

1.厕所门一定要随手关上，同时加挂一个布门帘，或是厕所门框上加挂一颗天然水晶圆球，作为治标的破解法。

2.治本之道则是勤于清洁，让厕所整齐、清洁、干燥、干净、没有秽气，如此一来就可以破解这个风水难题了。

第二招 床铺尽量远离秽气形成的位置

1.将衣橱摆设在厕所马桶的外墙，隔开马桶与床铺的距离。其实厕所内通常都会做防水后再贴磁砖，还有一道砌砖墙，将床铺摆于墙外，在风水上是安全没问题。本案例将衣橱摆放在这里，只是多一层的隔离，同时也让床铺离房门更远一些。

改造部位2 | 房间内的空间

第一招 加大空间感

1.尽量净空出最大的空间，不堆杂物。

2.于房间门的里外，强化白色灯光的照明灯，可以的话比照前面案例，装设投射灯照射房间门，增加工作事业及财运的旺盛。

第二招 拉开床铺和房门的距离

房门进来到房间内的空间，床铺也是要尽量与房门拉开，拉远一点，让空气环流可以在房门与床之间温顺地流动，有助于个人运势的顺遂亨通。

杂物越少，空间看起来越大

床铺一定要整齐，不要堆放衣物

改造部位3 | 梳妆台和书桌直线相对的问题

由于房内占据一套卫浴，所以床铺的左右两侧应留的空间有限，造成梳妆台和书桌容易直线相对的风水缺失。但是梳妆台和书桌都是房间内不可少的风水元素，各自代表个人运势的能量和磁场。

破解招数 加挂遮蔽物

梳妆台的镜子，平常可以挂上一条镜帘，需要梳妆时再打开或掀起来。

注意 本案例除上述的布置方案之外，其余的布置，比照前一个案例。

第八章

CHAPTER 8

不同需求的家居风水

每一种房屋，都有它的优缺利弊之处，纵使是优的、利的，在运势的推助上，也有个别不同的优越之处。有的房屋对官运、事业运特别有帮助，有的房屋对财运特别有助力，有的房屋特别有助于健康运，有的房屋对爱情运、婚姻的运势改善特别有效。不同的房屋类型可以提供的助力不同，读者可以先确认自己的需求，除了不可变动的外观结构之外，内部仍可借由布置、打理来改善。

以下分为有助于事业运、财运、健康运、恋爱运、求子运，以及适合饲养宠物等类别，来分别介绍这些各具有不同优势，可以提供不同好运的房屋类型。

想要官运、事业运好，要住什么样的房子

主管事业运势的风水关键位置：外明堂（大门以外的空间）、大门、内名堂（入门后的玄关）。大门外的空间（外明堂）主事业发展运；大门是进出的唯一通道，大门象征的是人生前途，主掌事业；大门内的玄关主的是因为事业衍生而来的金钱，即主财路、财运。

大门象征事业

房屋高耸

在建筑物群中，是被簇拥、突高醒目的那一栋楼，正如“鹤立鸡群”一样。

如果想求官运、事业运的话，那么选择的房屋最好是周围建筑物中，特别醒目、突出的那一栋。除此之外，这栋房屋与其他建筑物相比，要有被周围建筑物簇拥、拱起来的感觉，形势要稍微高耸一点，那么就如同鹤立鸡群一样，对于升官和事业运自然有提升的效果。

像城堡型的建筑物外观

宫廷式建筑，外观辉煌、有气势，对于求事业运、官运来说，有一定的提升效果。

城堡的气势高、外观雄伟，在象征的意义上，也代表着官运和事业运，所以在选择建筑物的外观和架构时，尽量可以选择像城堡一样的房屋。比如说阳台的部分有圆拱或是欧式、宫廷式建筑，外观辉煌、有气势，对于求事业运、官运来说，有一定的提升效果。

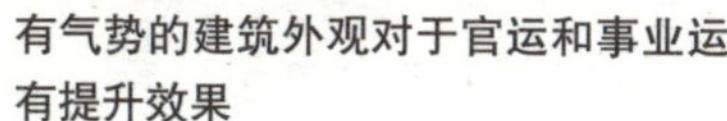

有气势的建筑外观对于官运和事业运有提升效果

门的宽度要够大

大门象征事业

为了要求官运和事业运，大门一定要做大一点。

因为大门象征事业，为了要求官运和事业运，所以大门一定要做大一点，甚至可以做成两片，或是一大一小双开的大门。

要做成一大一小的门，门片势必要够大，门的宽度够大才会有架势，事业运才会跟着兴旺。

自然采光佳

阳光具有阳气和正面的能量，能够被阳光晒到的大门，可以提升事业运。

大门象征事业运，而阳光具有阳气和正面的能量，不管是刚升起还是要下山的太阳，只要大门有机会被阳光照射，就可以吸收到太阳的能量，如此一来，对于升官和事业运就有很大的提升效果。

客厅空间面积要大

客厅空间特别大，代表事业可以做得大、可以有发展性。

客厅是主厅堂，主厅堂代表户主，一般来说，户主多半是家庭经济的来源，所以当然也象征事业的兴衰。所以客厅空间特别大，代表事业可以做得大，可以有发展性，对于官运和事业运一定会特别有影响。同样的，如果房屋的其他空间较大的话，对于住户的其他运势就会有不同的影响力。

客厅空间特别大，代表事业可以做得大

想要财运好，要住什么样的房子

与财运相关的区域：厨房代表财库，内明堂代表一家人的财路、财运，卧室梳妆台主掌个人投资理财与私房钱。

代表招财的颜色：黄色。

能够增加财运的水晶：黄水晶、绿幽灵水晶。

饱肚型建筑物外观

饱肚型的建筑物，如同布袋里装了很多钱，象征饱满富足

所谓“饱肚型”，就是整个外型是膨出去、凸出去，像是有露台或是整体外观像圆弧外突的建筑物，而且又以整体外观膨出去的为最佳。这种建筑物的外型就像是肚子吃得很饱、圆滚滚、挺出来的那种感觉，更如同布袋里装了很多钱，象征饱满富足。

内明堂空间要宽广

设置玄关墙，才能形成“藏风聚气”的效果

管钱财的内明堂一定要宽广，而且除了宽之外，一定要设置玄关墙，因为有玄关墙才能形成“藏风聚气”的效果，也才算是可以带来好财运的房子。

厨房空间面积要大

管财库的厨房一定要大，才能守得住财

之前提到过，客厅大的话，有助于升官提升事业运；如果要求财运的话，那么管财库的厨房就要大，才能守得住财。与内明堂不同的是，厨房主财库，而内明堂主掌财运，内明堂的空间大，钱财可以进来得比较快、比较

内明堂和厨房一定要兼顾

多，但一定要有玄关墙壁，这样才能藏风聚气，不会因为空间太大而让能量散掉。

内明堂主财运，厨房管财库，两者都兼顾，才能得到相辅相成的加倍效果。

厨房门的位置相当重要

最好在大门玄关（内明堂）的斜角或是最内部的隐密处

所谓斜角，不一定要和大门很接近，也不是坊间所说的“进门斜对角就是财位”，而是因为大门和厨房形成斜对角时，两边的空气才有机会可以牵引、流动。如果不是斜对角的话，空气流动容易产生死角，或是气流产生停滞、无法对流的状况。

之前提到过，大门的玄关主掌财路，如果玄关和厨房的气可以对流、牵引、温和地互动和流通的话，那么当然有助于提升财运。

另外厨房一定要设在较隐密、不容易注意到的地方，因为厨房是财库，所谓财不露白，厨房当然不能在太醒目的地方了。

厨房门与大门玄关需保持距离

彼此空气对流没死角，才能藏风聚气

厨房门与大门玄关处如果相隔太近的话，气流的牵扯太激烈，反而无法让气流温和盘旋，形成“藏风聚气”的效果，所以只有空气能够温和流动、对流时不要产生死角，那么才有助于财运的提升。

厨房门和大门玄关不要相隔太近

想要健康好，要住什么样的房子

要求健康的话，首先一定要采光好、通风佳，而且一定要全户所有卧室都有良好的空气对流。我们多半会注意到身体产生的毛病，而忽略了心灵和精神层面的问题，所以除了房屋内部要保持干净之外，阳台也是不可忽略的部分。

全屋需采光、空气对流佳

房子通风的话，呼吸到的才不会是不好的气

房子通风的话，气就会舒爽顺畅，较不容易有秽气，身体呼吸到的也就不会是不好的气；若加上采光良好的话，更可以杀菌、保持干燥，所以对健康来说，采光和通风可谓最基本的条件之一。

房子一定要通风

厕所、厨房要通风、干燥

吃进去和排出来的所在，一定要保持整洁干净

因为厨房和厕所是制造秽气的地方，所以这两个地方一定要采光、通风、清洁和干燥，而这些条件都是可以靠打理来完成的，这两个位置对健康来说尤为重要。

浴厕要干湿分离

干湿分离，较不会产生秽气

另外，要求健康的话，浴室和厕所最好要干湿分离，这样才不会产生秽气。浴厕会潮湿多半是因为洗澡，如果干湿分离的话，至少浴室不会永远湿漉漉的，而且厕所又是制造秽气的地方，如果浴室不够干燥、老是充满湿气的话，等于助长秽气的产生，更是雪上加霜，所以为健康起见，浴室和厕所最好选择干湿分离。

留有干净的阳台

阳台象征心灵层面，必须维持整洁

不管是前阳台或是后阳台，阳台一定要保持清洁和干净，如此一来，心灵空间才会比较舒畅。因为阳台在风水上象征人的心灵和精神层面，如果阳台杂乱的话，人的心情、情绪也会因此烦乱，受到影响。

想要恋爱、婚姻佳，要住什么样的房子

环境风水带来好运的不变原则，就是先在这块土地与生活环境上投入感情，亲手打理、布置、营造舒适的居家环境，让它发出一股吸引你更有感情与爱的力量，良性循环之下，环境风水才能带出更旺盛的好运势。

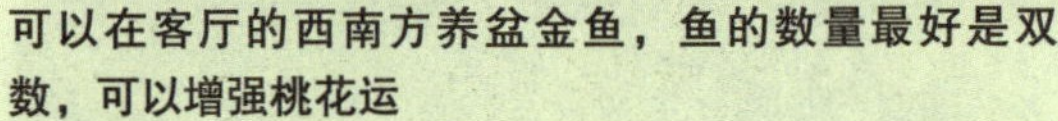
可以在客厅的西南方养盆金鱼，鱼的数量最好是双数，可以增强桃花运

要想走桃花运，卧室一定要大

恋爱运

要能接收清晨的阳光

清晨的阳光若可从卧房的窗户射进来，住户才能吸收到好的能量

太阳打从东边升起，要照得到清晨阳光的话，卧室最好是朝向东方，不过只要可以被清晨的阳光照到即可，窗户看出去不一定要正东，偏南偏北都没有关系。

因为清晨的阳光能量最好，而卧室的窗户又代表桃花，所谓“向阳花木早逢春，近水楼台先得月”，向着阳光的花木必然生长得较好，若是象征桃花的卧室窗可以吸收到好的能量，那么对恋爱运也会有相当的帮助。

窗户看出去要向阳

“向阳”，恋爱运势才不会受到阻碍

所谓“向阳”，指的是视野开阔没有阻碍，因为窗户主桃花，向阳的话恋爱运才会开广，才不容易受到挫折和阻碍。

卧室空间面积要大

卧室面积大的话，谈起恋爱来也会比较顺畅、稳固。

再者，要求恋爱运的人，卧室的面积一定要够大。因为卧室是个人的私密空间，谈恋爱的人多半会在卧室中偷偷地谈情、讲电话，所以卧室的气场

要想走桃花运，卧室里一定要有梳妆台和镜子

最能影响一个人心灵的能量，这种能量当然也会影响到与对方的互动，所以卧室面积大的话，桃花运、恋爱运才会提升，机会也会比较多，谈起恋爱来也会比较顺畅、稳固。

要有梳妆台及大镜子

让自己容光焕发，谈恋爱自然也就容易成功

梳妆台代表一个人的私密，人的心灵、精神和恋爱，这些都是非常个人且私密的事情，所以卧室有梳妆台和镜子的话，代表一个人可以看得透、看得远、看得宽广，同时也可以看清自己，是不是有魅力可以吸引对方？是不是还有可以加强的部分？梳妆台是“为悦己者容”、打扮的地方，而镜子可以让人自省，也可以让自己增加优势和条件，让自己容光焕发的话，谈恋爱自然也就容易成功了。

婚姻运

卧室面积尽量大

可摆180厘米宽的加大双人床

要求婚姻运的话，首先房间面积一定要大，因为卧室是夫妻生活的空间，空间太小的话，会因空间的压迫而引发情绪问题，对夫妻间的感情自然会有不良的影响。

除了空间要够大之外，还可以摆放加大加宽的双人床，如此一来，夫妻生活的空间够宽广，彼此之间没有空间的压迫，那么才可减少彼此间太过束缚、或是互相压迫的负面因素。

另外，床头的朝向也会影响到婚姻运势，所以我们可以运用出生年的数字，来找出哪一个方位最有利于您的婚姻运。

以下皆用公元的出生年来计算，因为男女有别，所以男性和女性的床头朝向不同：

注：所谓“延年方向”，就是对婚姻最好的位置。

男性 出生年次后两位数字相加后的数字 （例如：1955年，5+5=10）
等于1或10，床头朝东北 （本命的延年方向）
等于2或11，朝西南
等于3或12，朝西北
等于4或13，朝东
等于5或14，朝东南
等于6或15，朝西北
等于7或16，朝南
等于8或17，朝北
等于9或18，朝西

女性 出生年次后两位数字相加后的数字 （例如：1959年，5+9=14）
等于1或10，床头朝西 （本命的延年方向）
等于2或11，朝北
等于3或12，朝南
等于4或13，朝西北
等于5或14，朝东南
等于6或15，朝东
等于7或16，朝西
等于8或17，朝西南
等于9或18，朝东北

想要求子，要住什么样的房子

因为许多文明病，或者生活、工作的压力，使得许多夫妻不孕。如果并非患上不孕症，我们可以利用风水的布置、改善，来增强生育的机会。同时从生活和饮食方面也要加以配合。

厨房及卧室不可缺角

缺角，是指建筑物外观本来就缺一角，不是因为隔间或是摆设的因素，如果想要求子的话，厨房和卧室不方正，那么对求子也会有不良的影响。

此外，床头和燃气灶火门(开关)的朝向，对求子也有很大的影响，我们同样可以运用出生年的数字，来找出最有利于求子的方位。

因为男女有别，所以男性和女性的床头、燃气灶火门（开关）朝向各有不同：

蔡老师小叮咛

所谓“伏位方向”，就是指专门求子的方位。

男性 出生年次后两位数字相加后的数字 （例如：1972年，7+2＝9）
等于1或10，床头及燃气灶火门（开关）朝西 （本命的伏位方向）
等于2或11，朝西北
等于3或12，朝西南
等于4或13，朝东南
等于5或14，朝东
等于6或15，朝西南
等于7或16，朝北
等于8或17，朝南
等于9或18，朝东北

女性 出生年次后两位数字相加后的数字 （例如：1975年，7+5＝12）
等于1或10，床头及燃气灶火门（开关）朝东北 （本命的伏位方向）
等于2或11，朝南
等于3或12，朝北
等于4或13，朝西南
等于5或14，朝东
等于6或15，朝东南
等于7或16，朝东北
等于8或17，朝西北
等于9或18，朝西

如果家中养有宠物，要注意什么

有生命，就会互争能量，而且宠物多半会有体味，味道会破坏风水，所以一定要常常替宠物洗澡、打理干净，绝对不能产生秽气。如果宠物不干净的话，不仅会来争主人的风水能量，还会有破坏风水的效果，甚至连整体的运势也会跟着受到影响。

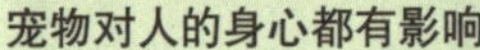

宠物对人的身心都有影响

宠物切记不能养在前阳台上

卫生清洁

宠物也有生命，当然也需要好的风水

要养宠物的话，当然首重清洁卫生。因为宠物是有生命的，既然有生命，那么当然也需要风水的能量，风水好、能量好，宠物才能生存得好。

同样的，有生命，就会互争能量，而且宠物多半会有体味，味道会破坏风水，所以一定要常常替宠物洗澡、打理干净，绝对不能产生秽气。如果宠物不干净的话，不仅会来争主人的风水能量，还会有破坏风水的效果，甚至连整体的运势也会跟着受到影响。

数量忌多

宠物的气越旺，人的气就会相对减弱

宠物的数量越多，那么宠物的气则越旺，宠物的气越旺，人的气就会受到压制，被宠物的气盖过去。再加上数量多的话也就更容易有产生秽气的机会，所以宠物的数量绝对不宜过多，否则对个人运势和环境风水都有不良的影响。

宠物的数量绝对不宜多

前阳台、厨房或卧室不可养宠物

宠物的气会影响，甚至是破坏风水的能量

前阳台(一般来说也等于内明堂的位置)主掌财路，若把宠物养在这里，那么等于让宠物挡住了财路，自然难以进财。

厨房主财库，且多半位在较隐密之处，如果宠物养在这里，那么味道必定不佳，或是容易与油烟味混杂。秽气对风水可说是一大致命伤，宠物养在厨房的话，钱财当然也就留不住了。

如果宠物养在卧室里或是和宠物一起睡觉的话，那么更容易破坏个人的整体运势。因为宠物会吸收人的能量，人的睡眠时间长且睡觉时抵抗力最差，与宠物同床共枕或是养在房间里面，那么对个人综合运势可说有相当大的负面影响。

最好养在后阳台

后阳台的风水较不易受影响，但仍需勤于打扫

在风水上，宠物最好不要养在室内，如果空间允许的话，养在庭院最好。但因为现代都市化和居住环境狭小的关系，大部分人都是因为不得已才会养在屋内，所以，若要挑选最不影响风水的位置，那么可以把宠物养在后阳台，不过仍然要勤于清理，才不会影响到屋内好的风水能量。

宠物要多晒太阳

吸收阳气并杀菌，才能增强健康和风水能量

宠物多半属于阴性的气，而人则属于阳气，阴性的气太重，阳气自然会受到影响。所以为了宠物的健康，也为了人的健康和风水能量，家中若饲养宠物，一定要带它多晒太阳，多吸收正面的能量，如此一来，宠物才能为主人带来好运，也才不会破坏原有的好运势和好风水。

宠物多晒太阳可以多吸收正面的能量

第九章

CHAPTER 9

运用家饰家具开运旺宅

光对风水相当重要，光是一种磁场能量，有光线才有阳气，有阳气才有贵气，有贵气才有权力、地位、名望，才有影响力，才能借由贵气的力量，创造或换来财富。俗话说：“钱滚钱”“人有两只脚、钱有四只脚”“人脉通钱脉”“人脉存折的复利效果”，都是权力、财力、人气、名气等发挥加乘威力的绝妙诠释。从风水学而言，光能量就是这些环节相扣的关键，也是改造风水运势的幕后大功臣。有了光能量的加持强化，权力、地位、名气自然来，再利用权力、地位、名气，换来或创造更多金钱财富。

但不一定每一个房子都有采光，纵使有采光也是只有白天有而已。所以为了补光，一定要借助灯的力量，不管是光或电灯，只要亮度足够，便可以让屋子里的空间感变得更宽大。特别是对于空间压迫感较大的小户型住宅，光能量更是不可缺少的居家布置元素，它可以推开小户型房屋的空间压迫气势，改善先天不足的风水劣势，进一步拓展个人运势在各方面的发挥、创造。

光能量的风水运用

排除自然光，平常在家居上使用的灯光，分为“昼光”及“球光”两种。前者也就是无色光，又称为白光、日光，通常称为日光灯，但在风水学的运用上，我们将它统一称为“白光”。

“球光”则是灯泡色的光，目前有灯管灯泡、投射灯、珠宝灯等，带夕阳黄的光，我们将它统一称为“黄光”。

白光

能量属性

白光的灯及能量，属于理性光，适合用于需要理性能量的风水位置，作为主要照明灯光。白光具有提升创造与理性的能量，让人拥有冷静的头脑，打造事业、创造金钱财富、守住财库。

适用的风水位置

1.与金钱事业有关系的风水区域，比如管业务的外明堂（大门外的空间，通常是楼梯间的空间）。

2.管事业运的大门。

3.管财路、财运的内明堂（大门内的空间区域，也就是玄关的区域，与有无玄关墙是没有关系的）。

4.管财库、理财的厨房。

5.管个人财库私房钱的梳妆台。

黄光

能量属性

黄光的灯及能量，属于感性光，适合用于需要感性能量的风水位置，作为主要照明灯光。例如与和谐、亲情、友情、爱情、物质衣食有关系的风水区域，都需要用黄光，提升物质享受质量及所有感情（爱情、亲情、友情）的绵密能量，才能有物质的乐趣，与情爱间的和谐贴心。

适用的风水位置

1.管全家和谐关系的客厅。

2.管婚姻的卧房床铺。

3.管爱情桃花的窗户、梳妆台。

4.管人际关系的外明堂。

5.管朋友关系的前阳台。

小户型灯饰运用的三大禁忌

心动不如马上行动，很多人看到这儿，可能已经列下清单，准备出发到大卖场或是灯饰行大采购一番，打算让屋子到处亮起来！

但是凡事小心“过犹不及”，灯饰运用也有它的限制和忌讳，尤其是面积不大、挑高不够的住宅，碍于先天的空间格局限制，选择灯饰更需要特别谨慎为宜。避免开运不成，反而带来更严重的负面影响。

禁忌1.光线不要亮到刺眼

小户型的房屋空间面积小，非常需要足够的灯光来照明，让空间更有空间感，同时推开房屋的压迫能量。但是不能让屋内的光线亮到会刺眼，形成所谓的“光煞”，破坏人体的磁场。

禁忌2.不要装设巨大的大灯或吊灯

空间已经不大，灯饰选择尽量以不占据空间为宜，尽量使用吸顶式的灯具；如果装潢有天花板，为了使天花板能升到最高，灯具也要尽量藏在天花板的挖洞内，并且用横插式的灯管（BB灯）。如此一来，灯具所占据的空间就可以缩到最小，留下更多的空间作为风水的活化改造之用。

禁忌3.不要用带有攻击性的螺旋式灯管

如果没有特别的风水开运破解需求与用途，尽量不要用带有攻击性的螺旋式灯管，这样才不会有压迫的气势。这个道理就和仙人掌带刺具有攻击性，不宜摆在住家的室内一样。

十种让你“钱途无量”的灯饰布置

好的灯饰布置可以给家居锦上添花，按照以下灯饰布置还可以改善多方面的财运。比如：利用黄光催动开阔的人际业务关系而获利，天花板的投射灯帮助职场加薪……

钱途无量布置法1 | 增加业务、贵人、财运

在风水上主管业务、贵人的地区，正是大门外的空间，称为外明堂，通常都是楼梯间的地方。

“外明堂”因为主掌业务关系，需要理性光的白光能量，推展业务时才能更冷静理性，时时掌握业务动脉。此外，为了让业务发展的空间更开广，也需要白色的光来照明。

居家布置可显现出住户的个性

灯饰改运的简易步骤

第一步：以白光为照明的主要光源。

第二步：另外再加一盏黄色光的灯，或是由黄色灯罩而晕出黄色的光。

风水注解 **黄光的作用，不是用来作为照明使用，而是要有黄光的气氛带进来，催动开阔的人际业务关系的金钱获利，或招来贵人在金钱财运上的协助力量。**

钱途无量布置法2 | 防止业务、财运被掠夺

商场如战场，凡属于业务工作，一定会有业务竞争，有竞争一定也会有掠夺，如果你感觉或发现，自己的业务推展或开发，经常被同业或竞争对手破坏、作梗甚至直接被抢走，这时你可利用主管业务推展关系的外明堂风水来破解这一问题。

灯饰改运的简易步骤

第一步：以白光为外明堂的主要光源。

第二步：白光的灯，选择具有攻击性的外型灯具，比如螺旋状的灯管。

风水注解 **借由螺旋光的释放，就像电钻在钻洞一般来突破业务推展被破坏、作梗甚至直接被抢走的窘境。**

钱途无量布置法3 | 提高业务竞争力

开拓业绩除了本身要具备开创业务的智能与专业能力，及贵人相助之外，当然也需要有竞争力，才能因为这个优势而争取得到业绩。要藉助风水的力量，提升竞争力在同业中争取赢得业绩，当然可利用主管业务推展关系的外明堂风水来布局。

灯饰改运的简易步骤

第一步：以白光为外明堂的主要光源。

第二步：白光的灯，选择具有竞争性的外型灯具，也就是上下直立装设或直插的灯管。

钱途无量布置法4 | 薪水节节高

如果您的工作不是以业绩、业务为重要，那您的财运肯定要靠加薪啰！而加薪需要老板大方，缺少这方面财运的话，即使卖命地打拼，老板顶多给予精神上的褒扬鼓励，就算您在这厢愤愤不平地吹胡子瞪眼睛，也是得不到实质的加薪肯定的。想要薪水袋越来越厚的人，不妨利用主掌事业运的风水开运，增强加薪的好运势。

灯饰改运的简易步骤

第一步：在靠近主管全家人工作事业运势的大门，或个人工作事业运势的卧房门旁，装设一盏黄光或灯罩会晕出黄光的壁灯，让这黄色光能的范围能照到门片。

第二步：在门外的天花板上装设一盏投射灯，并将灯光投向门片，将可帮助带来工作职场上加薪的好运。

黄光能催动人际业务关系

钱途无量布置法5 | 获取各方财运

在风水上主管财路、财运的地区，正是大门内的空间，称为内明堂，也就是楼玄关的区域。

“内明堂”因为主掌财路、财运的关系，需要理性的白光能量，开创财运时才能更冷静理性，时时掌握财源动脉，此外还可让财源、财运的空间更开广。

灯饰改运的简易步骤

第一步：以白色光为照明的主要光源。

第二步：另外再加一盏黄色光的灯，或是由黄色灯罩而晕出黄色的光（壁灯、台面灯皆可）。

钱途无量布置法6 | 防破财

对于金钱，除了招财之外，也要防止破财的问题，这时你可利用主管财运关系的内明堂风水来防止这一问题。

灯饰改运的简易步骤

第一步：以白光为内明堂的主要光源。

第二步：白光的灯，选择具有攻击性的外型灯具，比如螺旋状的灯管，借由螺旋光的释放，就像电钻在钻洞一般来抵挡破财的问题。

钱途无量布置法7 | 增加物质享受

生活物质享受，也是一种金钱开销。很多时候生活质量不佳，原因多半是因为没有经济实力，所以不敢奢求或纵容自己享有比较好的生活质量。作像幸福的人生是“爱情”和“面包”缺一不可，生活质量也需要金钱支出做为后盾。具有雄厚的经济实力可以开销，过日子才没有后顾之忧。

简单地说，想要提升生活质量，除了要有心灵上的氛围之外，也必须同时提升金钱的开销能力。

灯饰改运的简易步骤

第一步：在主管生活物质的餐厅空间，装设较明亮的黄光灯为餐厅的主要光源，让生活物质具有感性的质量，也就是在有形的物质与无形的氛围与心灵上，都懂得如何过、如何享受有质量及质感的生活乐趣。

第二步：最好再加上一盏灯，运用灯罩的效果，让它晕出来的光线犹如夕阳光或蛋黄光，壁灯、立灯或桌面灯皆可。

钱途无量布置法8 | 增加私房钱、理财获利或守住个人财库

主管全家财库、理财的风水位置，就是厨房，主管个人财库、理财及私房钱的位置就是自己房间里的梳妆台。

欲守住财库，存得了钱，对金钱数字及收入支出就要相当理性，才不会赚多少花多少，沦为 “月光族”，或是信用卡猛刷猛借，负债一堆的“闪灵刷手”。

灯饰改运的简易步骤

第一步：厨房及梳妆台的主要照明灯光，一定要用理性光的白光，才能帮助理财更冷静不会乱花钱，又能够有清醒的头脑来理财。

第二步：再加一个招财的灯光，于厨房或梳妆台的适当空间，摆设一盏招财灯。因为灯罩的关系，所晕出来的光线犹如夕阳光或蛋黄光的壁灯、立灯或桌面灯，就具有招财的能量。

注意 灯罩除了选购较具圆满、圆融的圆形造型，以求事事圆满之外，如果是要帮助获取私房钱有困难的人，灯罩则可改用斗笠形或三角、五角、六角、八角、菱形等几何造型，突破私房钱获取的困难。

风水注解 白光发挥能量让清醒的脑筋守财理财，黄光则是招财，让理财能获利，钱赚钱。招财的灯光，目的不在照明用，而是在产生黄色的能量，加上白光的主要照明灯，两者相辅相成，有助于守住财库又理财获利。

钱途无量布置法9 | 获取配偶之财

金钱的来源可能来自不同的地方，即使枕边的亲密爱人也可能是获取财运的对象。为什么很多人喜欢嫁金龟婿？娶名门千金或是职场女强人？世人往往对此抱着异样的眼光看待，其实大可不必，因为分享另一半的财力资源，也是婚姻关系中自然的共生结果，代表彼此有一条线紧紧牵系着。

灯饰改运的简易步骤

第一步：想要让这一条线更稳固或是想牵起这一条线的人，不妨将梳妆台放置在与配偶的睡床靠自己那一侧的地方，或自己睡在摆设梳妆台的那一侧。

第二步：在自己的那一侧摆设一个床头边低柜，并且在该低柜上摆设一盏招财灯。

钱途无量布置法10 | 感情桃花带来的财运

有的人谈恋爱也会带来财运，因为他（她）的情人会供应金钱与物质，或者对他（她）有金钱的援助。

灯饰改运的简易步骤

第一步：如果希望爱人能够为你带来财运或贡献财物，可于主管桃花爱情的窗户旁，摆设招财灯。

风水注解 因为灯罩的关系，所晕出来的光线犹如夕阳光或蛋黄光的壁灯、立灯或桌面灯，就具有招财的能量，有助于因为桃花爱情的关系而为你带来金钱财运。

十二种旺宅旺财的开运居家物品

各种招财开运对象的摆设，都要审慎考虑到房屋的摆设空间及视觉的气氛与现场的感觉。选择大小适中的对象，才能真正达到效果。千万不要为求开运摆得过大过度，影响居家的空间，或者与居家风格或装潢气氛相冲突等，反而制造出另一个风水的缺点出来。最重要的是，这些开运物品，都需要有灯光照射，开运功能透由光的催化，效果会更好。但是如果真的没办法的话，也不要太勉强，避免触犯前面灯饰运用的禁忌。

黄水晶 最具开运招财能量

天然黄水晶，因属天然矿石，具有矿物的物理能量，因为吸收黄色光能而带有黄色光谱的能量，最具开运招财的能量。

适合摆设的风水位置

1.摆设在主管财路、财运的内明堂，可招来财运。

2.摆设在外明堂，可增加业务方面的财运。

3.摆设在梳妆台，可增加个人理财获利及增加私房钱的能量。

4.摆设在厨房，可增加全家人理财获利的运势。

5.摆设在客厅，可协助家人在金钱上互为帮忙协助的能量。

6.摆设在餐厅，可增加家人在衣食生活享受上的金钱来源。

选择秘诀 **天然黄水晶在市场上价值不菲，所以要摆设单一颗直径5到6公分大的天然水晶圆球，价格可能在3万元上下。所以为了省成本，又不会因为体积太小而降低开运的能量，可以选用直径1到3公分的小球，用七颗摆成七星阵，价格会比较便宜，仍保有不错的开运能量磁场。**

水晶洞 挡煞镇宅，招财守财

在水晶的种类里，在造型上具有招财守财的水晶款式，莫过于水晶洞了。水晶洞又称为风水石，除了能调理风水的磁场之外，又具有挡煞镇宅，招财守财的功能。

适合摆设的风水位置

1.摆设在外明堂，有助于吸纳业务之财。

2.摆设在内明堂，可帮助财源广进。

3.摆设在厨房，可守住财库，增加理财的获利。

4.摆设在客厅，可帮助家人互相帮忙招财守住财富。

选择秘诀 水晶洞的招财守财效果要好，一定要挑选洞大、洞深、颜色紫、水晶颗粒大、洞的门坎及洞底要前高后深的，当空气流入水晶洞的空间里，这空间要能容纳较多空气量，而且能够在洞里环流的时间够长，这在风水上叫做藏风聚气，加上水晶的磁场，是最具开运招财守财的造型选择。

注：水晶洞因属于尖锐的造型，所以较不宜摆设在卧房里。

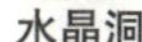

水晶洞

黄水晶

聚宝盆 招财守财

聚宝盆与水晶洞有异曲同工之妙，可以招财守财。聚宝盆的摆设，可比照黄水晶的摆设，功能犹如水晶洞的招财与守财。

选择秘诀 到市面上去挑一个肚大口小的黄色、橘色、黄金色系列的圆形瓮，将各种币值，至少各一张，放进瓮底，如再加上金银珠宝等贵重物品更好，或者放铜铸的仿古钱，通常都选用清朝盛世的五位皇帝“顺治、康熙、雍正、乾隆、嘉庆”时期的铜钱，再将天然黄水晶碎石，倒入瓮里，铺在前面所说的物品上面，约八分满左右，最后于上面再摆设一颗天然水晶圆球或元宝造型的水晶，就完成聚宝盆了。

注：聚宝盆最好能摆于比较隐密又无压迫的开阔或独立空间。

鱼缸 招来绵延不断的财运

水主财，尤其流动的水，称为活水，是能引动财路、财运、财源的流动，延绵不断而来，所以摆设鱼缸［因为其中有有生命的鱼（生命是一种能量）在游动，或者水在过滤循环，都是活水］可帮助招来延绵不断的财运。

家中的鱼缸和植栽一样也不宜摆得太多，因为有生命就有能量，非“人”的生命若摆得太多，反而会压制住在屋子里的人。尤其是小户型的房屋，风水的好能量也会反被这一群生命磁场吸纳走，所以摆设鱼缸和植栽甚至任何开运招财的对象，都应搭配空间，感到恰当就好。

适合摆设的风水位置

鱼缸的摆设点，可参照黄水晶。

> 选择秘诀
>
> **空间大的地方可摆设较大的鱼缸，空间小当然要摆设较小的鱼缸，比如餐厅、厨房、梳妆台等地点都空间有限，可摆设小型的观赏鱼缸。**

风水盆 开运全看它

养鱼可能会带来生活上的麻烦，比如喂鱼、清洗鱼缸或鱼死掉等，所以如果不养鱼摆设鱼缸，又要有同等的招财功能，是可以摆设“风水盆”的。风水盆又称为流水盆或涌泉等，因为内置有抽水马达，可让水循环流动，形成活水，与鱼缸有同样的功能，其摆设位置和选购原则，也和鱼缸一样。

“时来运转”流水盆

金钱剑 开创财路

所谓的金钱剑，就是用仿制的铜钱，通常是五帝钱，用红绳绑成一把剑形的造型。

适合摆设的风水位置

1.想要开创业务、抢业绩，并固守业绩、客户不被抢走，可将金钱剑摆设在外明堂。

2.想要开创各财路，固守及不被掠夺，可将金钱剑摆设在内明堂。

3.想要创造理财上的获利，是需要斯杀金钱的，或者守护财库不被掠取，可将金钱剑摆设在厨房或个人梳妆台抽屉内。

选择秘诀 金钱剑因为是用铜质素材绑成的，第一是货币，第二材料具有高导电性及音波的传送，加上第三又是保护攻击性的武器“剑”，所以具有开创竞争金钱财运及防御破财的功能。

金钱剑

律动物件 藏风聚气

没有流动水，有温和空气环流的气场，也可带动财运的流畅。所以摆设会律动的对象，例如钟摆、旋转的地球仪或杠杆原理的摇晃对象，都会因物体的律动，而使周边的空气固定在这里形成温和的环流，也等同于风水的藏风聚气，具有招财的功能。

适合摆设的风水位置

摆设的位置及风水功能，可参照黄水晶。

黄色植物或果实类精油熏香或精油蜡烛 招财旺运

黄色的颜色、光能、光谱主招财，所以取自于黄色植物或天然果实所萃取的天然植物精油，因为果实是植物的结晶也就是成果和获利的成绩。天然的黄色植物颜色等，都属财运的能量，加上高温去熏蒸这具有招财能量的萃取能源，使这能源释放出招财的能量（也就是精油的微分粒子及味道），更有招来财运的功效。

适合摆设的风水位置

精油的摆设、熏蒸位置点，及风水招财功效，参照黄水晶。

选择秘诀 **精油蜡烛与熏蒸精油是相同的意义，洋甘菊、甜橙、柑橘、葡萄柚、佛手柑、绿柠檬、黄柠檬等精油都是不错的选择。**

貔貅 招财、守财的吉祥神物

貔貅是神话中的一种神兽，在民间被供为招财的吉祥神物，创造者将它设计成公母一对，通常以一对做摆设，公的主招财，母的主守财。

适合摆设的风水位置

貔貅摆设在内明堂、客房、书房的风水点，再用灯光加强，有助于风水的开运招财。

土行家具家饰餐具挂饰 五行中最能带动财富的能量

五行属土的能量最能带动财富，土在颜色上属于黄色、金色、橘色，土在造型上（或者花纹图腾）属于椭圆方形、桶形、馒头形，土在素材上属于矿石及陶瓷的物品。

适合摆设的风水位置

家具、餐具、寝饰、家饰、挂饰的开运招财的摆设位置与功效，参照黄水晶。

选择秘诀

选购一些黄色、金色、橘色，或者椭圆方形、桶形、馒头形（含花纹图腾），或者矿石及陶瓷的家具、餐具、寝饰、家饰、挂饰等，都可帮助招来财运！

三脚蟾蜍 招财的吉祥神兽

据传三脚蟾蜍是神物，喜欢吞食钱币，夜间出没，和小孩玩。曾有位富足的大善人，家中财物连连失窃损失惨重，这时有位得道高人叫做“刘海禅师”，知道是这只三脚蟾蜍神物在作怪，躲在富足大善人家宅后院的古井里，利用夜间潜入宅内吞食钱币。于是刘海禅师就化身为三脚蟾蜍喜欢的小

孩模样，到富足大善人家宅后院的古井上，用钱币来钓三脚蟾蜍，结果钓起三脚蟾蜍后将它骑在胯下收服成为他的坐骑，因为三脚蟾蜍是神兽，又以钱币为食物，更被刘海禅师收服而受到供拜，成为招财的吉祥神兽。

适合摆设的风水位置

摆设用法除与钟馗相同之外，还可摆设在管私人财库私房钱的梳妆台或管财库的厨房里。

> **选择秘诀** 三脚蟾蜍白天嘴巴朝外为出外招财，夜间嘴巴朝内则是将财赚回来家里。选购时不妨加以注意这个招财小细节。

财宝天王 密宗的财神爷

财宝天王是密宗（密教）的财神爷，通常信仰密宗的信徒，欲求财招财都会祭拜供奉财宝天王。

适合摆设的风水位置

摆设用法与貔貅相同。

五种让财运好上加好的风水布置秘诀

小户型的房屋比起大户型的房屋更需要招财，因为小户型房屋的风水就空间而言是居于劣势的风水。除非目的是投资，否则一般人即使第一次购屋时，受限于经济能力，选择小户型住宅为家，但是内心无不期盼，假以时日能够有能力换一间更大、更舒适的房子。为了实现这个梦想，招财风水是绝对必要的！

不过小户型的房屋，由于空间有限，也不要一味地为了招财摆设，让空间更狭迫，制造出另一个风水缺点，反而是适得其反。因此，招财布置要尽量做到恰到好处，以下的旺财秘诀，布置重点十分简单而且容易执行，无论是大小户型都适合。尤其是小户型住宅，能够透过风水增加财运，有朝一日实现换房梦想，岂不是美事一桩？

旺财秘诀1 | 人际业务贵人财

布置重点

1.欲在人际公共关系上或者业务上带来更好的财运，或者有贵人带来财运等，可在大门外面空间的外明堂，加强照明的白光灯光，照亮这主掌人际业务、贵人的风水空间区域，同时也让空间感觉更宽广。

2.将空间净空到最大，如果空间不够大，可在墙面上挂设镜子配合灯光来反射空间，有倍增的能量，但镜子不宜直线正对自家的大门。

3.鞋子尽量用鞋柜收纳起来，并勤于清洗布鞋、晾晒皮鞋，让秽气降到最低，再让空间能够采光及通风，如此就会旺及顺畅人际业务、贵人的好运。

旺财秘诀2 | 工作职场事业财

布置重点

1.欲招来的财运是不受财运来源限定的多元化财运，或者要针对工作职场事业财运来开启财运，必须在大门内空间的内明堂，加强照明的白光灯光，照亮这主掌人际业务、贵人的风水空间区域，同时也让空间感觉更宽广。

2.将空间净空到最大，如果空间不够大，可在墙面上挂设镜子配合灯光来反射空间，有倍增的能量。

3.鞋子尽量用鞋柜收纳起来，并勤于清洗布鞋、晾晒皮鞋，让秽气降到最低，再让空间能够采光及通风，如此就会旺及顺畅各方财运。

开运物品的妙用	依其空间感，摆设一盏黄光或有黄灯罩的气氛灯，或者流水盆、鱼缸、会律动的物体，或经常插黄色鲜花，摆设黄色兰花等，将可提升、增加或招来人际业务及贵人的财运。

旺财秘诀3 | 理财获利

布置重点

1.要守住钱财或者要理财获利，首先厨房一定要打理得整齐、清洁、干燥、干净、没有秽气、油污，水槽要常清洗。

2.不要将厨房当仓库，不要在这里养宠物，垃圾要常清理，将其净空到最大空间。

3.加强用白光照亮整个空间，达到稳固财库、旺及顺畅各方理财的好运。

开运物品的妙用

依其空间感，摆设一盏黄光或有黄灯罩的气氛灯，或者聚宝盆，或者观赏小鱼缸、会律动的物体，或经常插黄色鲜花，摆设黄色兰花等，或在米缸里放七颗的天然黄水晶，将可提升、增加或招来理财的获利。

旺财秘诀4 | 私房钱

布置重点

1.要守住个人钱财或者要增强私房钱的财运，一定要有梳妆台，因为私房钱或个人财库看梳妆台。

2.梳妆台要稳固、有稍大的镜子，并且打理得整齐、清洁、干燥、干净、没有秽气，瓶瓶罐罐要整理排好。

3.梳妆台的台面要清出、净空出一个空间来，梳妆台下不要放垃圾桶，并加强用白光照亮梳妆台。

粉红色鲜花可招来桃花

水族画也可以代替鱼缸

4.梳妆台禁忌在横梁下，一直线正对任何门窗或紧贴任何门窗，如此就会稳固个人财库、旺及顺畅私房钱的好运。

开运物品的妙用

依其空间感，摆设一盏黄光或有黄灯罩的气氛灯，或者聚宝盆，或者观赏小鱼缸、会律动的物体，或经常插黄色鲜花，摆设黄色兰花等，将可提升、增加或招来私房钱。如果增加粉红水晶，粉红色鲜花，同时也可招来桃花财。

旺财秘诀5 | 桃花财

布置重点

1.想在桃花爱情上为自己带来钱财，卧房一定要有窗户，因为卧房的窗户主管该卧房使用者的桃花爱情。

2.保持窗明几净，打理得整齐、清洁、干燥、干净，同时窗户下面不要放垃圾桶，避免秽气。

3.让窗户外的光及风能温煦地进入房间内。

4.加强用黄光照亮窗户。

5.窗户禁忌直贴在横梁下（没有一段立面墙拉开窗户与横梁），直线正对任何门窗或紧贴任何门窗，如此就可以安定桃花爱情。

开运物品的妙用

在窗户下或旁边，依其空间感，摆设一盏黄光或有黄灯罩的气氛灯，或者天然黄水晶七星阵，或者聚宝盆，或者观赏小鱼缸、会律动的物体，或经常插黄色鲜花，摆设黄色兰花等，将可提升、增加或招来因桃花爱情所带来的金钱财运。

第十章

CHAPTER 10

开运风水实例诊断

一般人多多少少都有居家风水上的疑问，但是要找风水老师又怕价格昂贵，去找不够有名气的老师又怕被骗，蔡上机老师为了解决各位读者的疑惑，特别举办了“免费到府风水诊断”活动，让一直对风水有疑问的读者，可以与老师面对面，一次解决所有风水的问题。

不过报名风水诊断的读者实在太多了，版面有限，时间也有限，所以我们只好挑出五位读者来做实地观察，四位读者则以平面图来诊断，并且一一在本书中提供化解和改善良方。

如果没有参与诊断活动的话，没关系，本书提供了相当多的买房和租房的风水判别法，仔细阅读之后，相信您也可以为个人的住家风水做一番打理和改善。

实地风水诊断

想要业务拓展、对经商有帮助，居家应该怎样整体调整呢？两室一厅的房子怎样布置对个人财运的提升最有利呢？

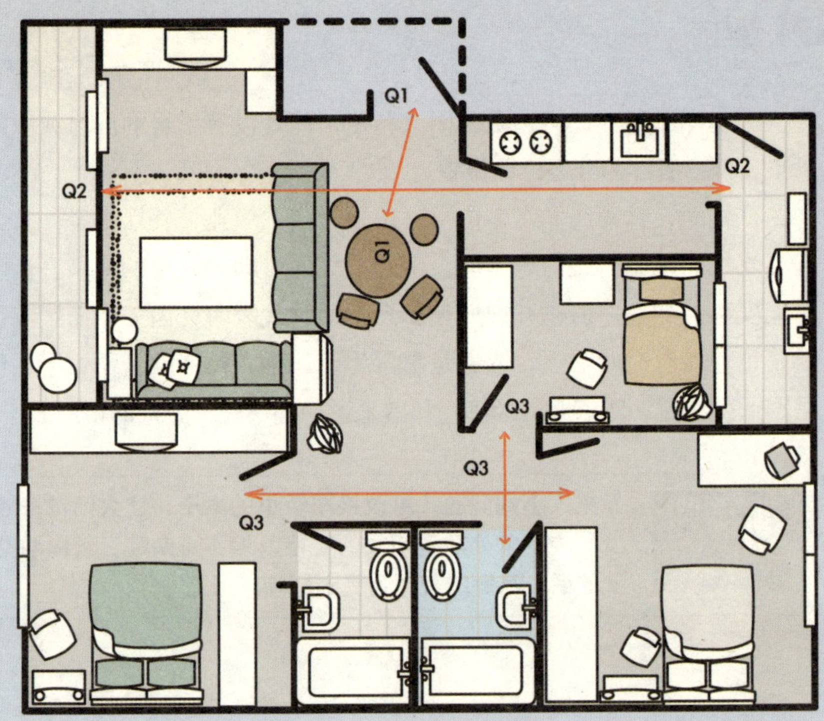

实例1

提供实例者为陈小姐，其房为租赁，居住者有父母与两个妹妹，共五人。

格局：三室一厅。

房屋状况描述

此户为典型的公寓大楼，坐东南、向西北，客厅有一扇宽敞的落地窗，向外可看见对面的ㄇ字型大楼，栋距颇宽，采光相当明亮。

此房的户主为1932年出生的陈先生，依出生年来看，宅向西北方正是相当有利于陈先生进财的座向。再加上对面大楼呈ㄇ字型，从里往外看，有延伸的效果，相对地，对陈先生这一户的人际、对外公共关系、向外的发展性，以及业务拓展相当有帮助，不仅对经商的陈先生来说有利，对屋内其他人的对外关系和发展也很有帮助。

Q1 餐厅

进门即见餐厅，旁边是密闭式鞋柜，此处没有遮蔽的屏风或阻隔，而且餐桌比例占餐厅四分之三的位置。

这样的设计动线非常不恰当，因为大门主事业，餐厅则是一家人和乐、安心吃饭的地方，大门进出时会带动空气的流动和气场的冲刷，让吃饭的人不能安稳、专心，所以开门即见餐桌，通常代表着会因工作而影响饮食，也就是忙得没有时间吃饭，或者是常常为了谋生、填饱肚子而忙于工作。不管是哪一种状况，对家庭的经济、和谐来说，都不是一个好的格局。

蔡老师建议 **餐桌大小的问题，可改换成较小的桌子，让大门进来的冲刷变少。内明堂处放密闭式的鞋柜，但不可杂乱，若内明堂的气杂乱的话，家庭的气也会受到影响。**

Q2 厨房与客厅

入门后，左手边是厨房，厨房外有阳台；而进门后右转可进入客厅，客厅的落地窗与厨房正好形成穿堂煞。

厨房是财库，客厅代表家庭和谐，所以穿堂煞会影响钱财留不留得、还有家庭的和谐度。

之前提过，对面大楼的ㄇ字型外观，对本宅来说有助于向外的发展性，所以宅内住户（尤其是户主），在对外的事业、业务推展运方面，有带动业绩的效果。但是因为穿堂煞的关系，所以就算进财容易，但却会有留不住财的现象。

蔡老师建议 **穿堂煞的问题并不难解决，因为住户已经先用木板，把后阳台的对外部分阻隔起来，这样是正确且有用的，不过仍要随手关门来做彻底解决，只要养成随手关门的习惯，或是一次只开一扇门，不要让两边的空气急速对流、冲刷，那么对住户的影响力便会相对减小许多。**

Q3 房间正对厕所

本屋有两个门对门的问题，一个是1976年生的大妹的房门正对厕所门，另一个则是1982年生的小妹的房门正对父母房门。

门对门所产生的问题，最主要的就是两户门内的住户，容易因意见不合、个性不合，甚至是鸡毛蒜皮的小事情，而产生沟通不良的情况。

所以在这个实例中，小妹与父母较容易产生意见不合，或是沟通不良的状况。不过更严重的，应该属大妹房门正对厕所门的问题。因为厕所是排泄不要的东西、制造秽气的地方，如果房门正对厕所门的话，那么秽气就容易冲进门内，而个人卧室的大门主个人事业，卧室门外的位置主对外的人际拓展，如此一来，这间卧室住户的事业、对外人际关系不但会有影响，对恋爱运来说，也会容易有挫折和损伤。

蔡老师建议

门对门的问题，可以用随手关门，或是挂置门帘的方式来解决。像是小妹房间正对主卧的话，除了随手关门之外，两扇房门都可以用门帘遮住，但长度太短不行，门帘需有门的十分之九长才有效果。另外，卧室的门正对厕所门的问题，同样必须养成随手关门的习惯，并且勤于清除厕所里面秽气、潮湿等问题。浴厕的秽气和潮湿问题，可用臭氧机、空气清净机等工具来解决。只要保持干燥、清洁、通风，就可以避免负面的影响产生。

客厅的布置决定家庭是否和谐

穿堂煞会使钱财留不住

燃气灶不要紧贴门窗

Q4 燃气灶

厨房燃气灶紧贴门窗

燃气灶是做饭的地方，也是住宅中的理财方位。燃气灶若是紧贴门窗的话，燃气燃烧需要氧气，那么做饭时就容易吸进不好的气或能量，对于健康来说相当不利，住户也容易产生肠胃方面的问题。

另外，门窗是对外的管道，如果燃气灶紧贴门窗，钱财容易留不住，理财自然容易产生不良的状况。

蔡老师建议

燃气灶紧贴门窗的问题，可以在做饭时把窗户稍微关起，但需留下可通风的空间，避免把外面秽气吸入，等做完饭后再打开窗户，这样即可解决健康和理财困难的状况。

实例2

提供者为刘小姐，为自购住宅。

格局：两室一厅。

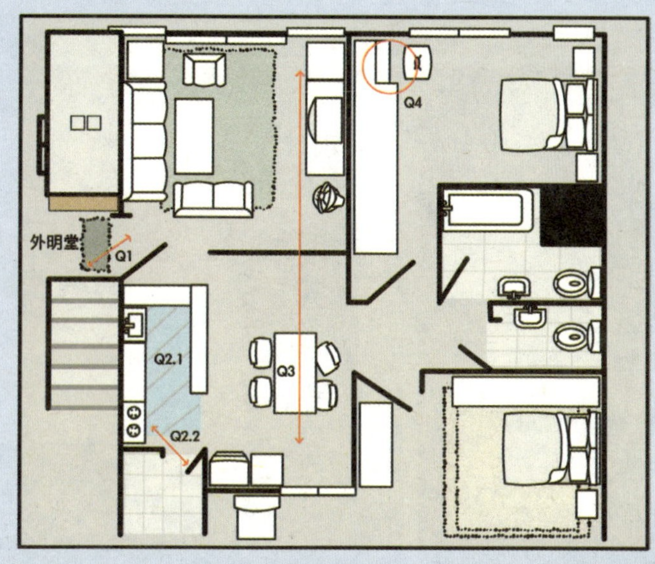

房屋状况描述

此户宅向为坐北朝南，配合刘小姐出生年来看，刘小姐的财位在南方，所以这间房屋与她相合，可招财，亦有助于财运的提升。

房屋空间不大，但客厅采光良好，室内摆设清爽整齐，没有多余的杂物，感觉相当温馨舒适。

尤其个人卧室的内明堂（也就是打开卧室门后，紧贴卧室门的空间）灯光采用黄色光，照明相当柔和、明亮，所以对于个人的财运也有很好的提升力量。这间房屋的格局不错，没有太严重的风水问题，唯有几个部分需要稍微改善加强，兹将其列述于下。

Q1 楼梯

外明堂紧贴楼梯

楼梯是我们上下楼的通道，是上上下下走动的地方，以风水的象征意义来说，楼梯容易使人劳累，是劳动的地方。大门外的位置代表着住家的事业，或是对外的公共人际关系，像业绩好不好、交易能不能成交都是看这个位置。所以楼梯若在这个地方，一开门就紧贴楼梯的话，代表工作、事业上需要花更大的功夫，或是花费更多时间和劳力，有时也无法有一分耕耘一分收获的效果，做得比较辛苦也比较累。

蔡老师建议

破解的方法很简单，我们可以在楼梯旁摆放开运竹，可以找高一点，或是在盆栽下放一个凳子把盆栽撑高，如此一来就会形成一个屏障，开门不会直接看到楼梯，具有阻隔性，就可以减低被冲煞的能量。

外明堂不要紧贴楼梯

厨房的地面一定要平整

Q2 厨房

厨房地板不平，斜度差异颇大

厨房的地面不平、下陷，或是斜度差异很大的话，那么就算本宅容易进财、有助于财运的提升，也会因为厨房的关系而容易破财。

因为厨房代表财库，厨房地面下陷的话，代表库底有漏洞，财库有漏洞的话当然也就不容易留住钱财了。

厨房燃气灶靠门

前面提到过，门窗是空气对流的地方，燃气灶在做饭时容易吸收到不好的能量，所以不仅会影响到健康，对运势也有不良的影响。

蔡老师建议 蔡老师建议我们可以在地面较低的地方摆放植栽，植物是有生命力的，有生命力的东西有助于运势的提升，相对地也可以提高这里较低的气势。不过因为空间不大，所以不要摆太大或是叶子尖锐、有刺的植栽，只要比例合适，感觉舒服即可。

而对于燃气灶靠窗户的破解办法很简单，只要做菜时关上窗，窗户留一些可透气、对流的空间即可。

Q3 阳台

前阳台和后面窗子形成穿堂煞

客厅前有阳台，所以采光良好、空气可以充分对流，但前面阳台和后面的窗户正好相穿，虽然中间有阻隔，但高度不够，所以穿堂煞的现象无法完全消除。

蔡老师建议 穿堂煞穿过了客厅和餐厅，同样也容易造成钱财留不住的现象，但餐厅旁后的窗户不常开，所以一次只开一边的窗，不要让空气直接对流，或是光直接对穿，并且在阳台及窗户上使用窗帘，窗帘可以隔光，这样也可以得到阻隔的效果。

Q4 梳妆台

梳妆台内陷，理财易承受压力，或有被束缚的感觉

卧室里梳妆台的内缩设计（将其放置于衣柜的设计）是为了利用空间，但因为承受了上面梁柱及装潢所下放的压力，所以会让梳妆台有压力，以及被束缚的感觉。

梳妆台象征着个人钱财和感情，如果把梳妆台局限在一个小空间的话，在感情和个人钱财的处理上，容易产生被绑住、被束缚的感觉。

蔡老师建议 因为梳妆台不可移动，所以建议刘小姐可以在梳妆台上放一个小灯，并且把灯光朝上照（形成朝天灯），光线有温度，温度会产生能量，如此便可把下放的压力反射回去。
另外也可以在梳妆台上摆放植栽，植栽的选择可以不用太大，但最好高一些，尽量靠近上方的梁，让植物的生命力来吸收、化解负面的能量。

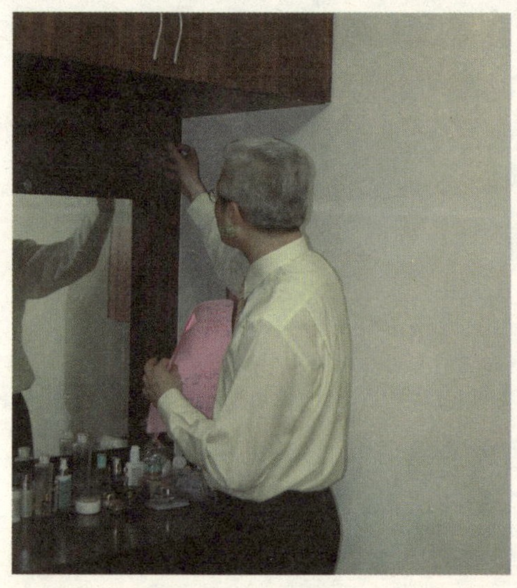

实例3

实例提供者为林小姐，房屋为租赁的单间，并同时当做工作室使用。

格局：一卧室一浴室。

房屋状况描述

林小姐的住处为独门独户的一居室，除了用来居住，另外也当做工作室使用，内部摆设简单、整齐，但因为是一居室，所以空间不大，各个区块并没有明显的分隔，所以容易产生一些风水上的小问题。

Q1 浴厕

打开大门即见浴厕

进门即见浴厕可以说是一居中最常见的问题，厕所会制造秽气，如果大门和浴室、厕所相隔太近的话，门在开开关关时气流会相互拉扯，这时冲刷的力量最快最大，所以产生的秽气很容易冲出大门，或是流进房间内，不管房子方位好不好、位置合不合适，对任何人来说，这样的格局都容易让住户的事业、财运受到阻碍，或是工作上会产生不顺利、麻烦事情不断产生，事业运也很难旺得起来。

蔡老师建议

维持浴厕的整洁、干净、清爽、干燥，才能让身体保持健康。

以风水的改善和破解来说，格局中能移动的就移动，不可移动就要破解，以这个浴厕的例子来说，因为不能移动，所以我们可以选择另外的方式来改善。

首先，一定要维持浴厕的整洁、干净、清爽、干燥，浴厕里不好的气一定要排掉，勤于打理是改善的唯一办法。

其次可以用辅助的物品，像是在浴厕里摆放茶叶、木炭，因为茶叶和木炭具有吸收水气的效果，可以维持浴厕的清爽和干燥。另外也可以使用空气净化器、芳香剂等，把气味消除，或是种植水耕植物，像是黄金葛和地瓜，水耕植物较不需要阳光，在潮湿的环境中也可以生存，所以我们也可以借由植栽的生命力量，来改善浴厕的煞气问题。

最后不妨把浴厕的门帘加长一些，至少要有门的十分之九长，才能达到阻隔的效果。

浴厕位置不当是小户型最常见的格局缺陷

Q2 内明堂

内明堂狭窄且灯光为黄光

内明堂主掌财路，所以要使用理性的白光较好。再加上内明堂格局狭窄，且灯光为黄光，相对地反射在工作上，会使住户赚钱较辛苦、赚得较急促，在事业上需要加倍付出努力才能有所进帐。

蔡老师建议

内明堂一定要有开阔度，如果太过狭窄的话，就不应该摆放太多东西占据空间。内明堂摆放植栽是正确的，但不宜选择叶子太散、太开，或是会遮住空间的植物，改放叶子较小的开运竹或鱼缸较为合适。可以在内明堂放开运竹，用来招财。

内明堂是影响住户财路之处，管理钱财的地方一定要用白光。白光属于理性光，黄光属于感性光，管理钱财若是太过感性的话，那么对钱财的控管必定较差。除此之外，内明堂的灯光最好一直开着，不然空间已经不够大，再加上没有光线的话，看起来会更窄、更昏暗。

另外还可以在内明堂挂置镜子，镜子对空间的反射力量更大，四方形或圆形都好，都可以加大视觉的空间，产生增大以及明亮的效果。

内明堂一定要用白光

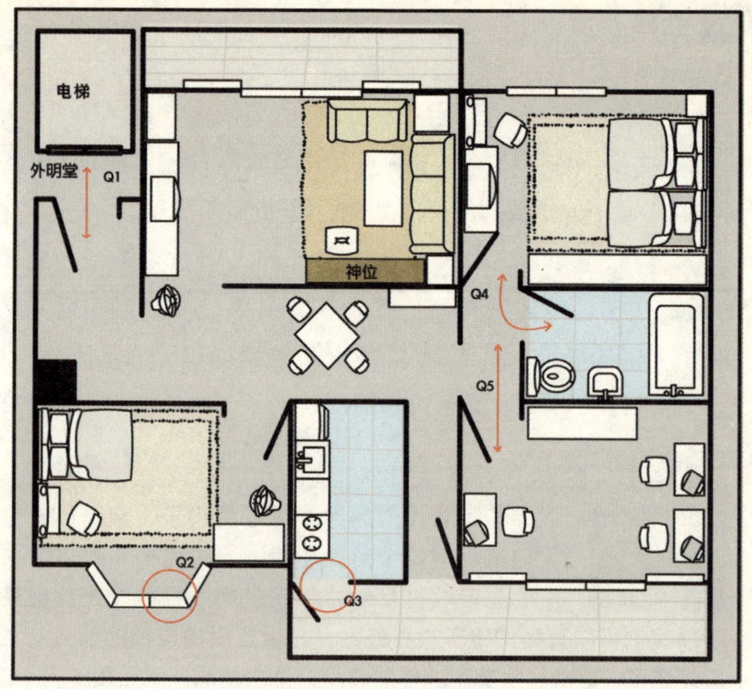

实例4

提供者为谢太太，为自购住宅。

格局：两室一厅。

房屋状况描述

该房的格局非常好，客厅方正、宽敞，坐东北向西南，室内采光良好，从阳台看出去，视野相当不错。

此户的户长谢先生在国外经商，以住宅方位和出生年来看，相当有利于谢先生的事业发展和健康状况，但谢先生因为工作关系无法长期在此居住，所以本宅目前的主事者就成为谢太太了。

以本宅的方位，再配合谢太太的出生年来看，谢太太的事业部分需要较费心力，再加上一些小的风水问题，应该在摆设和布置上稍做改善和加强。

Q1 电梯

电梯正对大门

电梯是整栋大楼的上下管道，而且具有电流、磁场，电梯上上下下不断地升降，会让磁场动荡不安，并释放出负面的能量。

大门象征事业，外明堂代表对外的人际公共关系，电梯如果正对大门的话，住在这里的所有人，都会较容易因外界因素引起动荡不安，像是事业上做得很辛苦，甚至是客户、业务谈得很辛苦，最后却容易被别人劫走，容易产生客户被掠夺的状况。

蔡老师建议

电梯若正对大门的话，可以用镜子、金属，或是不锈钢材质的大门来反射这个负面能量。不过镜子不可以放在屋内，因为镜子会先吸收再反射，等于是把不好的气先拉进来再反射出去，所以我们可以直接把镜子放在外面，用以反射掉电梯的煞气。

另外还可以摆放尖锐造型的挡煞物品，像水晶洞、水晶簇、骨干水晶，或是金钱剑等，水晶本身具有挡煞的能量，而金钱剑除了可以挡煞之外，还具有创造金钱的能量，所以不仅可以防范不好的煞气，还可以增加与他人竞争的正面能量。

当然，如果空间允许的话，可以把水晶和金钱剑一起摆放，双管齐下的话功效更好。

骨干水晶又称鳄鱼水晶，命名由来是因为它的形状，水晶的成长过程有点像糖或盐的结晶，在骨干水晶上尤为明显。它的结晶月累堆积而成，变成一块块垒块堆在一起的形状，有些像鳄鱼皮。它通常呈淡灰色，有时在垒块边缘会有黑色的边。它有比一般水晶还强大的磁场，可有效吸收负面能量转化成正面能量，驱邪避凶 ，尤其是吸收病气，因此放在病人房间有极好作用。另外它也是权力与能量的象征，可帮助掌握权力，并因其颜色，可对应海底轮，加强性能力。

骨干水晶中有种特殊的三轮骨干水晶，含有的是红发及黑色电气石等完全不同的内涵物，通常呈点状或发丝结构，在同一块晶石上有两种以上不同颜色的内涵物，透过光线美丽闪烁，很少见。

Q2 房间

女儿的房间产生壁刀冲煞的状况

窗户代表感情、桃花、对外的人际关系，壁刀具有煞气，如果直接对着房间的话，就会影响到这一间住户的恋爱运、感情发展，以及对外的人际关系。

蔡老师建议

壁刀的化解方式不难，也可以用自己DIY的方式来破解，像是市面上很普通的镜面隔热纸，就具有相当好的反射力量。

我们可以把镜面隔热纸贴在窗户上（最好整面都贴），因为阳光在照射时，光线照在镜面隔热纸上可以反射壁刀的煞气，具有抵挡煞气的效果。不过天黑之后一定要把百叶窗放下来，不然外面的光线比房间里面暗，镜面隔热纸反而会吸收壁刀所射出的煞气。

除此之外，还可以在窗外吊挂拆信刀，并且用红色的油性签字笔，在拆信刀上写一个“罡”字（“罡”字代表正气，具有很好的挡煞效果），之后，再用吹风机在文字上烤一烤，让文字渗透进去，并且把刀口对着壁刀射出去，这样就可以产生正面的反射能量。

另外也可以在窗外挂一个空心的葫芦，象征把不好的能量都收到葫芦里面去，不要让煞气射到房间内。

Q3 厨房

厨房有壁刀射入的情形

厨房是财库，是管理钱财、存钱的位置，如果厨房有壁刀射入的话，同样也象征着财库容易受到外界、外来的事情和问题的影响，而让自己破财、让钱财流失掉。像是有人来借钱周转，或是合伙投资，但是大多数不怀好意，所以多半有去无回。

蔡老师建议

厨房壁刀的化解办法和Q２一样，可以在外面摆放仙人掌，或是挂剑、葫芦，来抵挡、破解壁刀的煞气。

Q4 卧室

主卧室与浴厕门贴门

卧室门外的区域，象征着个人的对外人际关系，如果卧室和浴厕门贴门的话，那么门和门的气流相互拉扯，就会把秽气拉进卧室中，当然也就象征着个人的对外关系容易遇到小人，或是受到抹黑和负面打击。

蔡老师建议

勤于打理、保持清洁、整齐和干燥，是破解问题基本的条件，如前面所述，可以在浴厕里放置木炭、茶叶，或是用抽风机来保持浴厕的干燥清爽。另外也可以在浴厕里种植水耕植栽，用植物来吸收其中所产生的潮湿和秽气。

最重要的，还是要养成随手关门的习惯，不要两扇门同时打开，减少气流拉扯的情况发生，那么就能避免秽气冲入卧室。

Q5 书房

主卧室与书房门对门

主卧室和书房门对门的话，容易产生两方想法、意见、观念的不合，也容易产生摩擦。再加上书桌就摆在书房的门旁边，所以在这里念书、做事的人不容易专心，很容易受到外面的影响。

主卧室不要和书房门对门

书桌不要摆在书房的门边上

蔡老师建议

这里的化解方式很简单，只要用较高的书柜，把门和书桌隔开来就可以了。

因为门对门，最主要的影响就是空气的直接对流和冲刷，所以书桌旁若可以摆放高书柜的话，空气才不会直接打到在这里念书、做事的人，也就可以避开门对门的影响了。

另外，门上也可以挂置门帘，门帘要有门的十分之九长才能产生效果，但最重要的还是养成随手关门的习惯，这才是治本的解决办法。

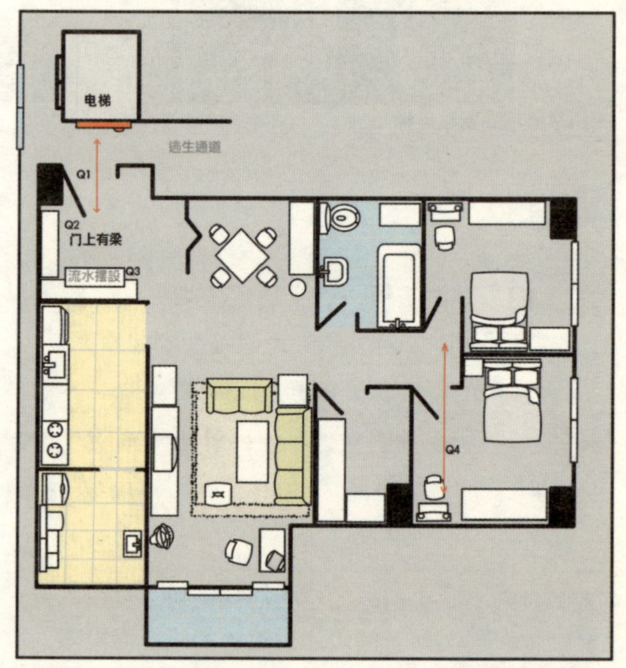

实例5

实例提供者郑小姐，为租赁的房屋。

格局：两室一厅。

房屋状况描述

该宅是典型的集合型建筑，户数多，住户拥有共同的中庭花园。

郑小姐的房屋采光良好，但因为坐东向西，所以西晒较严重，不过客厅与落地窗间相隔有屏风，正好可以遮挡西晒的阳光。

大门尽量不要紧贴电梯

Q1 大门

大门正对消防栓、逃生通道横切大门，且电梯侧对大门，逃生门和窗子对流的风势强劲，对外明堂形成极大的冲刷。

大门外的空间称外明堂，外明堂主掌对外的公共人际关系，以及事业财运的发展，所以外明堂太窄，而且正对消防栓，被逃生通道横切而过，甚至电梯的电流冲刷力量又侧对大门的话，对于外明堂可以说有相当大的影响。

蔡老师建议

大门外的空气必须流通，但风不可太大、太强劲，站在大门口时，旁边逃生通道的风直灌而来，且与另一侧的窗户形成快速的对流，站在此处时让人感觉极不舒服，所以最好把其中一道门或窗关起来，不要两边都开使得对流的冲刷太强烈，让外明堂的风势可以温和一些。

另外，因为有消防栓、电梯的煞气，所以大门旁可加挂镜子或是灯，借由镜子或灯反射的力量，来消减这股煞气。而镜子的大小不限，只要可以挂得下，稍大一些也没关系。

除此之外，外明堂尽量不要摆设其他物品，更不宜杂乱，像是拖鞋等物品，一定要收拾起来，保持空间的明亮、开阔和干净。

房主郑小姐提到在事业上经常会遇到扯后腿的小人，所以想解决这个问题的话，可以在外明堂摆放一盆仙人掌，刺要尖锐、不可太细腻，才能达到抵抗小人的效果。不过要注意的是，仙人掌同时也会挡掉、阻碍到自己的人际关系，所以一旦小人消失，一定要把仙人掌立刻移开。

Q2 门上有梁

因为建筑结构的关系，所以门上通常都会有梁，但这户住宅的梁较大，装潢起来之后，让一进入大门的天花板处感觉更低，空间显得更窄，相对地，就会影响到事业和财路的发展。

蔡老师建议

大门上如果有梁的话，这根梁所吸收的就是整栋大厦的下压能量，连带造成大门、内明堂的压力，不只会影响到事业前途，对财路的发展也会有更大的阻力。

破解的办法很简单，我们可以在旁边装壁灯或是立灯，将灯的光线朝上（形成朝天灯），并投射到梁上，用灯的光和能量来反射、化解梁所造成的压力及负面能量。

另外，也可以用金钱剑来化解，把金钱剑的剑口朝上、剑柄往下，让金钱剑来挡住梁柱所下放的能量，当然，如果灯光和金钱剑一起使用的话，互相辅助效果和力量更佳。

狭窄的内门堂不要摆放屏风

窗帘与墙面、家具要尽量避免相似色调

Q3 内明堂

内明堂的空间狭窄

因为内明堂的空间不够宽广，所以郑小姐在这里放了一面镜子，同时也放有流水摆设。流水摆设可以带动财运，也有招财效果，不过对于挡煞却毫无力量。再加上镜子虽有放大空间的功能，但反而会把外面的煞气拉进来，一方面招财，一方面又会破财。

再往内走，内明堂进入客厅的走道上有屏风作区隔，屏风会让走道更窄，气流在这里受限，相对地钱财到此也会被挡住，所以只要调整一下位置，往内缩一些即可。

蔡老师建议

因为内明堂内的镜子会把外面的煞气吸引近来，所以不如不挂，改摆山水画较佳。因为山水画具有正面的、雄伟的气势，既可挡煞，对钱财、事业也有正面的助力，比放置镜子要好。

或者，也可以改挂鱼水优游图，配合流水摆设，让水往内流，这样也会有同样的效果。

除此之外，摆放开运竹、放置口大肚小的瓮（像聚宝盆一样），瓮底放硬币和纸钞，然后再放黄水晶碎石，这样同样也会有招财的效果。

最后，屏风的部分只要稍微往内推，把空间拉开，使空气流通时不要受到阻隔，那么内明堂的财路才可更加顺畅，钱财才能顺利进来。

Q4 卧室

另一间卧室的梳妆台正对着门

梳妆台正对房门的话，象征个人的钱财部分容易留不住，就算有私房钱，也会因家事而破耗。

蔡老师建议 因为这个卧室只是客房，平时没有人居住，梳妆台也没有人使用，所以实际上并不会产生问题。如果还是担心的话，平时就可以用布帘把梳妆镜遮住，如此便可解决这个问题了。

平面图风水改善建议

本宅楼层的选择对运势有何影响？本宅的财位在何处？女儿的床铺侧边紧贴厨房燃气灶，对身体有何影响？丰富实例，全面解答。

实例1

Q1 厨房门正对厕所门

理财、积蓄会常因是非、糊涂事、误判、被陷害而破失。

可于厨房门与厕所门之间，用一面隔墙将两门相互隔开。如果空间不允许，则必须随手关门，或是挂置门帘（约略门的十分之九长）。另外还可以取一颗天然水晶圆球，直径约四至五公分，并用中国结编的网袋装起来，吊挂在门头框，隔开厕所与厨房门的气场。

厕所应保持采光、通风、干燥、干净、无秽气，可利用现代科技臭氧、除湿、负离子机，在厕所内不定期除臭、除湿、制造鲜好空气。厕所内放一桶约五公斤重的水晶碎石，每星期消磁一次，也是相当有效的解决办法。

Q2 燃气灶紧贴后门

积蓄常会因为家庭急需而被控锁，致使积蓄受到危害。

随手关上后门，尤其燃气灶火在燃烧时，更需紧闭。可在阳台做横拉窗，降低燃气灶火与后门、阳台外界的空气拉扯。如果燃气灶上方有横梁下压，只要在炉灶上方，也就是梁下做悬吊柜隔开梁与燃气灶火即可。

如欲加强阻隔梁所下放的能量，可于梁与燃气灶间的柜子内摆设水晶。

Q3 主卧室及书房门对门

学业、工作、事业的压力在无形中自然会产生。

两门必须随手关门，挂置门帘（约略门的十分之九长），如果不想挂置布门帘，可取一天然水晶圆球直径约四至五公分，用一中国结编的网袋装起来，挂置于门头框，隔开房门与书房门的气场。

Q4 主卧室床头在横梁下

影响个人综合运势。

如果梁柱压到床头，将会影响个人的综合运势困守而无法伸展。用朝天灯摆于床边打向横梁，或用高柜子摆在书桌或床边顶住横梁，或用天花板将梁包起来，或加一个床头箱让床枕头离开柱下等。

蔡老师居家风水建议

财位建议

任何一个房屋风水的财位（财路、财运的位置）都固定在大门内的空间，称为“内明堂”，这地方的空间如果够大，最好加一片玄关墙（空间不大不宜装设玄关墙），让大门引流进来的空气打到玄关墙后回旋盘绕在“内明堂”，这称为藏风聚气，再配合明亮的白光灯光可以招来财运。另外，在这空间里摆设“水耕植栽”（去叶见梗的开运竹为最佳）、黄水晶、水晶洞、流水盆、鱼缸等，都有帮助进财的能量。

白色的灯光会让理财更具理性

财库建议

如果想招好财又要能累积财富，就得从主掌财库的厨房着手了。首先厨房必须勤于打理，保持整齐、清洁、干净、干燥、采光、通风，累积财富就有基本面，加上使用白色的灯光，会让你的理财能力更具理性，可于厨房内布置一个聚宝盆，增加财富聚集力量。聚宝盆的制作方法，选一陶瓷肚大口小的瓮，内放所有钱币、纸钞等，最少各一份，再放一些磁铁或黑胆石压在上面，铺上黄水晶碎石，约瓮的八至九分满，上面再压一颗圆形的水晶球（可选用一般发晶球或黄水晶或钛晶球等）。

事业建议

想祈求事业亨通，可于大门（主掌全家事业运）及房门（主掌当事者的事业运）外的天花板架设一盏投光灯，投向大门、房门，即可强化事业运，或者摆设发晶七星阵于书桌、办公桌上皆可。通常公寓大厦的房子，绝大多数会大门对大门，房屋空间面积大、大门大的那一户，就像肺活量大、嘴巴大，鼻子呼吸力强又顺畅，绝对是较占优势，两家大门之间的公设（大门外的空间，外明堂），气场容易被房屋空间面积大、大门大的那一户吸纳走，只要自家大门门面有架势（不宜单薄），大门外空间不摆放其他物体（不放置过度的鞋柜），采光通风舒畅，都不用担心与对面人家门对门，好能量都被吸纳走。

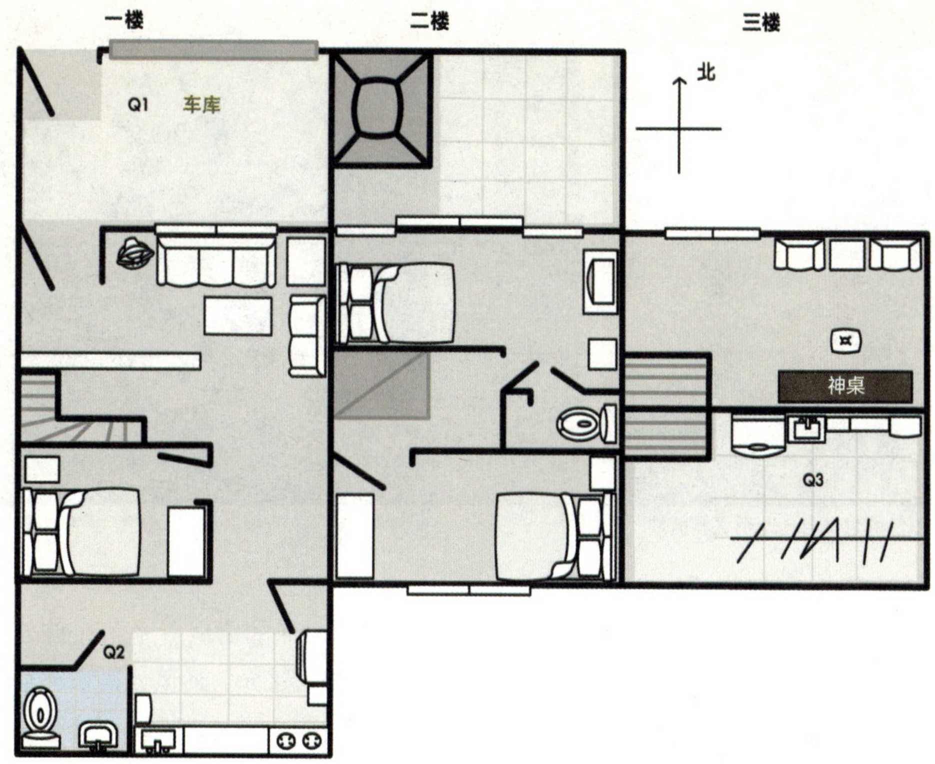

实例2

Q1 大门外的外明堂

主掌人际公关、迁移、业务、外交，做车库使用，汽车引擎发动使用时，将产生有害风水的能量，易造成人际公关、迁移、业务、外交运势的阻碍与迫害性。

汽车尽量用倒车入库的方式停入，并往右墙靠（大门的另一侧墙），让大门外面的空间（左侧墙）尚留有外明堂，汽车欲开出车库，在引擎发动后应尽速驶离车库，或汽车开入车库后引擎应尽速熄火，避免害废气的能量长时间妨碍风水的气场。并于大门口外右侧边摆一盆水耕植栽（建议使用开运竹），或者摆一座骨干水晶或水晶簇。

Q2 厕所盖在厨房内

厨房及燃气灶火长期在吸收厕所的秽气，全家精神健康容易出问题，理财无方，频频出状况，积蓄不断地耗损。

厨房门记得随手关闭，挂置门帘（约略门的十分之九长），可取一天然水晶圆球直径约四至五公分，用一中国结编的网袋装起来，挂置于门头框，隔开厕所与厨房门的气场。厕所保持采光、通风、干燥、干净、无秽气，可利用现代科技臭氧、除湿、负离子机等机器在厕所内不定期除臭、除湿、制造鲜好空气。厕所内放一桶约5公斤重的水晶碎石，每星期消磁一次。

Q3 三楼的神明厅露台在后面

在风水上凡有露台宜在前面，才有明堂，如果露台在后面，前面的神明厅（精神所在地）就像推车被推着走，称为推车煞，全家人的心灵精神容易受到逼迫（被推着走）。

将后面的露台加盖、加墙，改成非露台的空间即可。

实例3

Q1 面对屋宅的右边缺一角

属于隔壁“玄天上帝庙”的公厕，是一个众人大小便杂秽、清洁极差的地方，正好紧贴主掌人际公关、迁移、业务、外交的外明堂（庭院）与全家和谐的客厅，此风水容易因外人、外界的因素，造成人际关系、迁移、业务、外交的损害或遭陷害、抹黑、背黑锅，全家失去和谐等。

庭院（外明堂）的侧墙边（紧贴玄天上帝庙公厕这一边）摆一排的植栽，泥土上铺水晶碎石；客厅侧墙紧贴玄天上帝庙公厕这一边，摆一座水晶

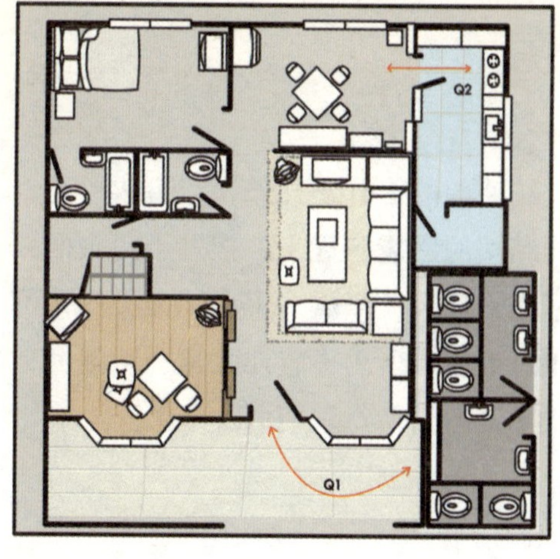

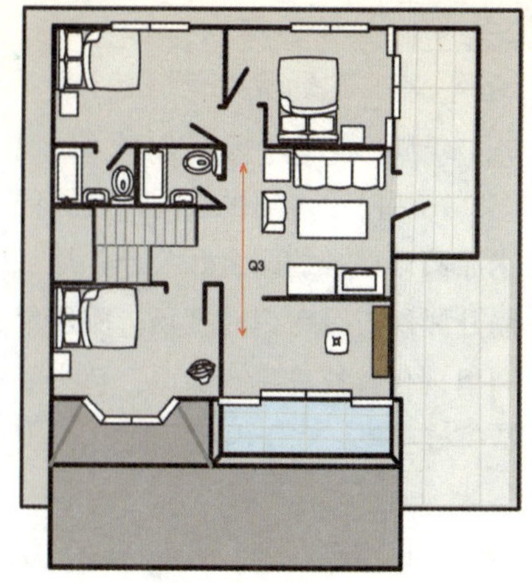

洞、骨干水晶或水晶簇，借植物的生命能量与水晶的磁场来吸挡公厕大小便的杂秽之气。

Q2 厨房的燃气灶火正对厨房门

此风水容易使全家人的积蓄流失、理财能力丧失或亏损等。

厨房门记得随手关闭，挂置门帘（约略门的十分之九长），可取一天然水晶圆球直径约四至五公分，用一中国结编的网袋装起来，挂至于门头框，隔开燃气灶与厨房门的气场。

Q3 二儿子的房门正对神明厅的门

此风水容易使二儿子受到全家人的精神压力。

房门记得随手关门，挂置门帘（约略门的十分之九长），可取一天然水晶圆球直径约四至五公分，用一中国结编的网袋装起来，挂至于门头框，隔开房门与神明厅的气场。

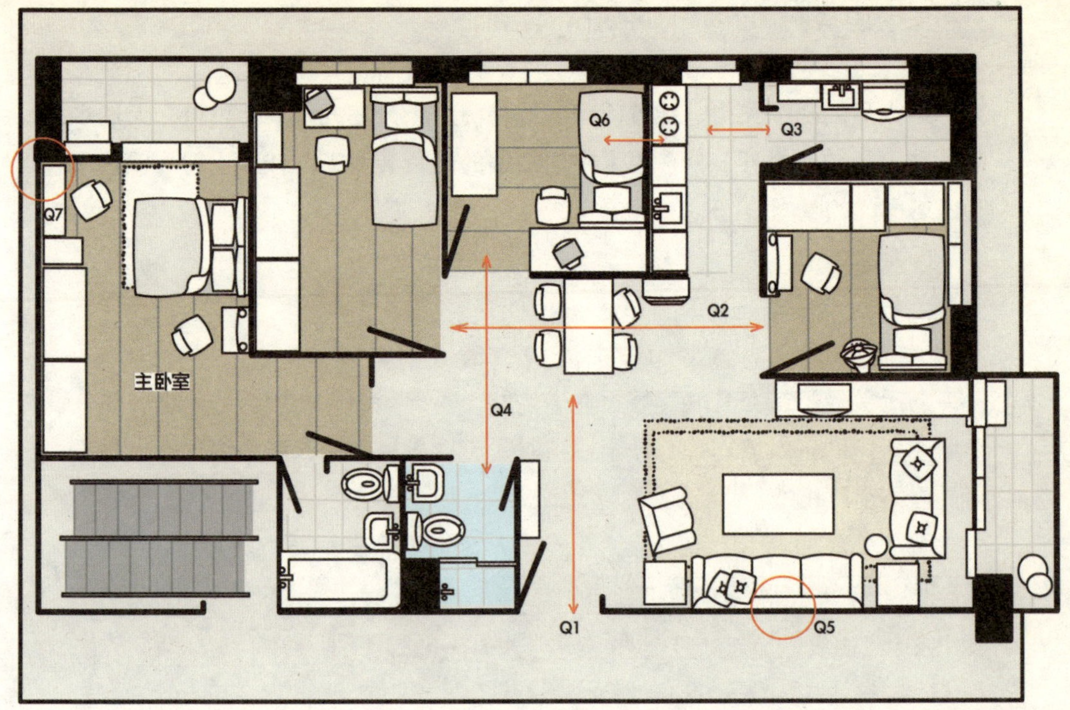

实例4

Q1 大门直接撞见餐桌

会因生活使工作赚钱更辛劳。

大门内（内明堂）的墙边可以摆一座水晶洞或风水流水盆，挡开大门和餐桌之间的气场。如大门和餐桌的距离过长的话，中间可做一道玄关墙挡起来。如果欲在餐桌的贴墙（大门的正对面）挂置一面镜子，大门和餐桌的中间必须做一道玄关墙隔开镜子往大门外照射，才不会当门一打开时即将大门外的气镜射进来室内。如果大门和餐桌的中间做一道玄关墙，会使这段空间变窄，所以餐桌的贴墙（玄关墙背面的正对面）挂置一面镜子，可使玄关后面与餐桌的距离镜射拉长，是个很好的设计。

Q2 儿子的房间和外婆的房间门对门

两人容易出现性格不和。

两人房间随手关门，挂置门帘（约略门的十分之九长），可取一天然水晶圆球直径约四至五公分，用一中国结编的网袋装起来，挂至于门头框，隔开两房间门的气场。

Q3 燃气灶火正对后门

积蓄常会因为家庭急需而破损流失，致使积蓄无法守住。

随手关后门，尤其燃气灶火在燃烧时，更须紧闭。在阳台的侧墙（燃气灶穿越后门的正对墙）摆一盆土耕植栽。阳台做横拉窗，降低燃气灶火与阳台外界的空气拉扯。

Q4 女儿房间与厕所门对门

女儿较易承受全家人的抱怨，个人的学业、工作及人际关系都易出现差错或背黑锅等。

女儿房间与厕所的门要随手关门，挂置门帘（约略门的十分之九长），可取一天然水晶圆球直径约四至五公分，用一中国结编的网袋装起来，挂至于门头框，隔开房间与厕所门的气场。厕所要勤于打理，保持采光、通风、干燥、干净、无秽气，可利用现代科技臭氧、除湿、负离子机等机器在厕所内不定期除臭、除湿、制造鲜好空气。

Q5 沙发背，背对大门

如果沙发距离大门一米以上，则不禁忌，如沙发背紧贴门边，在公共关系对事业财运的发展方面，就容易与机会失之交臂，或暗地里被移花接木、失去利益。

可以在沙发背侧边与大门之间的空间，挂置一个晒干的空心葫芦，葫芦内装粗盐、朱砂、磁铁（黑胆石）及水晶碎石，或者摆设水晶洞、黄水晶七星阵皆可。

Q6 女儿床铺侧边紧贴厨房燃气灶

容易急躁、心脏不佳。

可将床铺侧边离开侧墙（房间与厨房的隔墙）约二十厘米。或者在装潢的同时，侧墙铺一片铅板版，再用木板封起来。

Q7 书桌上有横梁该怎么办？

梁柱吸收大楼的重压力释放下至书桌，会造成办公、课业压力，无法创造成绩。如果梁柱压到床头，将会影响个人的综合运势困守而无法伸展。用朝天灯摆于床边打向横梁，或用高柜子摆在书桌或床边顶住横梁，或用天花板将梁包起来，或加一个床头箱让床枕头离开柱下等。

Q8 本宅位于四楼是否吉利？对运势有何影响？

屋宅主事者男性1943生（4＋3＝7），按本书“楼层数的吉凶选择”表格中可以查出，出生年命卦为“坎卦”，目前所买的房屋在4楼，是“生气”，将有助于招金钱财运，得衣食享用，百庆吉祥之运势。

Q9 请问本宅的财位在何处？

风水的财位可分为两部分来看：一是房屋本身的固定财位（财路或财运的位置），这无须配任何人的出生年，二是个人的财位，这就必须配个人的出生年才知道位置在哪里。凡是房屋的固定财位，就在大门进来的空间，又称为大门内明堂，主掌全家的财运路与财运；房间门进来的空间，又称为房门内明堂，主掌睡在该房间者的个人财运与财路；这区块一定要有独立空间，略为宽广一点较佳，不能狭隘，灯光要明亮，本区块最好有一盏白光的灯，更能招来财运。

Q10 聚宝盆、水晶洞、麒麟、貔貅等物品该放在何处？

关于聚宝盆的摆放，可放置于厨房（风水的财库位置）内地面隐密无压迫的空间，可以帮助吸纳守护钱财。相关物品摆放可参考本书第九章。

流年風水的月运布局

流年风水的开运布局

风水在居家（公司）空间除了有本身相对应的位置及方位，会反射出吉凶的能量之外，每当北斗七星（风水称为九星，分为九个周而复始的流年运）随着流年的变动运转时，北斗七星（九星）对地球所释放的能量，也将反射出每一年不同的吉凶变化，这个随年变动所产生的吉凶能量，称为风水的流年。

风水流年共有九个运，周而复始的循环，本人已将九个周而复始流年运（九星）的吉凶方位全部统计出来，将它的吉凶能量的释放做好了风水布局，在某年、某方位、某空间应该做出调整与摆设，可以强化该流年的吉性能量、除去凶性能量，读者只要依照现在的公元年份，找到该年的图表，不需要学、不需要算，只要按图索骥，就可以布置出每一年的开运风水。

九星流年表									
公元年次（农历冬至后以下一年计算）	2009 2044 2033 2031 2020	2018 2007 2042 2040 2029	2027 2016 2005 2049 2038	2036 2025 2014 2012 2047	2045 2034 2023 2021 2010	2008 2043 2032 2030 2019	2017 2006 2041 2039 2028	2026 2015 2013 2048 2037	2035 2024 2022 2011 2046
行运	第一运	第二运	第三运	第四运	第五运	第六运	第七运	第八运	第九运

布局方法

“入宅”就是正式迁入一个新居所，又称为“入厝”。如果您的新居经过装潢整饰，当然就必须在工程将近完成后，再挑选良辰吉时来进行入宅的仪式。

东	东南 向	南
东北	↑	西南
北	西北 坐	西

风水的吉凶，分为固定方位（先天）和流年方位（后天），先天的固定方位，是以屋宅主事者（含其家人）的出生年，搭配屋宅的坐向，计算出各方向与区块位置的吉凶，宅向、大门、厨房燃气灶、房床、客厅神位、浴厕的位置及方向，就是以这先天的条件来摆设，摆设了就不用去更动它。

但是当流年在迁动时，风水就会产生流年的吉凶运转，左右风水在先天的吉凶条件，这时候不是要因风水流年的吉凶运转，去更动先天的摆设（宅向、大门、厨房燃气灶、房床、客厅神位、浴厕），否则你将会每年去变动宅向、大门、厨房燃气灶、房床、客厅神位、浴厕的摆设，又弃先天的风水吉凶摆设于不顾，是不对、不可行的，而是要在流年的吉凶运转找出吉凶的方位，加以布局或破解才能在风水流年趋吉避凶，才是风水正确的先后天吉凶的配置。

风水流年吉凶运转的布置方法，将房屋面积比例，长与宽各分割成三等份，形成九块方格，即是风水的八卦九宫图（如图）。如面积有斜角或缺角，其长与宽的比例仍依其空间做切割。

第一步
找出房屋坐向

以指南或指北针，自房屋的坐向找出方位，就可以填出八卦九宫的方位区块（例如：本宅的坐向是坐西北向东南，其他方位及区块就跟着出来。）

第二步
找出公元年次

以当前的年份（无须搭配个人出生年），自表格中（如表）找到当年风水的流年运（第一运～第九运）。例如2008年，是第二运，无论任何人，一律使用第二运的风水流年布置开运法；2009年，是第一运，无论任何人，一律使用第一运的风水流年布置开运法，其他依此类推。

第三步
进行风水开运布置

从方位所标示的区块面积空间里，找可以摆设的空间位置点，去做风水的开运布置。

第四步
依照不同流年更改布置

每年冬至（农历11月中旬）过后，再依下一年的风水流年开运布置图重新布置。

NOTE

以下的【第一运～第九运】八卦九宫图，我们统一以南上、北下、左东、右西的格局来标示，如果你家的方位不是南上、北下、左东、右西的格局，你就将该运的八卦九宫图示旋转（内容不变）到属于你家的方位就可以套着用了。例如你家的方位是东南上、西北下（左东北、右西南），你就将书中该运的八卦九宫图，全部以顺时针的方向顺转一格，就是你家的方位了。

风水辞典 在风水的流年中会因流年的变迁，而产生不同的五种气“生气、旺气、退气、死气、煞气”，这五种气会分布在八卦九宫的不同方位区块里，在专业名词中称为“紫白飞星”。

生气是最旺最能带动财运的气；旺气是最能带动工作事业运的气，仅次于生气；退气就是正在走衰退的气，属于不好的气；死气就是困死的气，比退气更糟糕，煞气是最凶厄运的气。

除上述的五种气之外，在“紫白飞星”的演算过程（九星演算法）凡遇到第五颗星即称为“都天五黄”，是九星中最凶煞的一颗星，在风水流年的五种气中，只要这颗星所落的位置，即使落于“生气、旺气”的位置，其“生气、旺气”在该流年中都不取来做吉用。

所以在该流年的生气或旺气虽然轮动在屋宅的大门、房间等位置，却又碰到“都天五黄”，还是不能以吉论之。

反之我们的大门或卧室的区块位置，在流年刚好轮动到煞气或死气，又正好“都天五黄”也轮动到此，那全家事业（大门主事业）将陷入危机，或个人运势（房间主个人运）将出现凶灾。

如有上述问题需破解五黄的能量，可以在都天五黄的区块位置，摆设黄水晶（或一坛水晶碎石）来转移都天五黄的煞气为财气。如果流年的都天五黄正好轮动到浴厕、厨房之处，反可压制都天五黄之气，无须破解其气。

第一运的风水流年开运布局

“北方”及“西南”是“生气”位

这两个方位属于生气位，摆设铜制品，会发出声音（音波）的风铃尤佳，可以让生气的能量加强，带动流年的兴旺能量。

如果厨房或浴厕，坐落在北方、西南的区块里，是生气位，该年的财运，将易出现损害。在厨房或浴厕的地方摆设铜制品，都可以破解厨房或浴厕压制到流年的生气。

东南 死气	南 煞气 都天五黄	西南 生气
东 煞气	中宫 第一运	西 退气
东北 退气	北 生气	西北 煞气

“东方、南方、西北”是煞气位

如果大门坐落在该区块里，该年的事业运容易面临重挫，如果床位坐落在该区块里，该年的个人综合运势会出现逆境。可以在门上或门旁挂置铜制风铃，在床头距离头部较近的位置摆设铜制品，都可以破解大门或床铺正值流年的煞气。

如果厨房或浴厕坐落在东南的区块里，或是坐落在西方、东北的区块里，都可以因为厨房、浴厕的关系，抑制流年的凶气能量，无须做任何破解。

“西方、东北”是退气位

如果大门坐落在该区块里，该年的事业运易衰退，如果床位坐落在该区块里，该年的个人综合运势会走下坡路。可以在上述的方位区块位置内摆有流水、活水或饮用水（包括养鱼），都可以破解大门或床铺正值流年的退气。

“东南”是死气位

如果大门或床位坐落在该区块里，该年的事业运或个人综合运势会困守不通。在上述的方位区块位置内以水晶（或矿石）加铜制品做摆设，都可以破解大门或床铺正值流年的死气。

第二运 的风水流年开运布局

“东方”是生气位，西南是旺气位

这两个方位装设电灯（投射灯），或会发出光亮温度的物器，可以让生气、旺气的能量加强，带动流年的兴旺能量。 如果厨房或浴厕，坐落在东方、西南的区块里，该年的财运（生气）、事业运（旺气），将易出现损害。在厨房或浴厕加装电灯（投射灯）、除湿，都可以破解厨房或浴厕压制到流年的生气、旺气。

东南 死气	南 退气	西南 旺气
东 生气	中宫 第二运	西 煞气
东北 旺气 都天五黄	北 退气	西北 煞气

“西方、西北”是煞气位

如果大门坐落在该区块里，该年的事业运容易面临重挫，如果床位坐落在该区块里，该年的个人综合运势会出现逆境。在门上的天花板或门旁，在床头的附近装设或加强电灯（投射灯），都可以破解大门或床铺正值流年的煞气。

如果厨房或浴厕，坐落在西方、西北的区块里，或是坐落在东南的区块里，或是坐落在南方、北方的区块里，都可因为厨房、浴厕的关系，抑制流年的凶气能量，无需做任何破解。

“南方、北方”是退气位

如果大门坐落在该区块里，该年的事业运易衰退，如果床位坐落在该区块里，该年的个人综合运势会走下坡路。在上述的方位区块位置内摆设水晶或矿石，再用一盏电灯（投射灯）投射水晶或矿石，就可以破解大门或床铺正值流年的退气。

“东南”是死气位

如果大门或床位坐落在该区块里，该年的事业运或个人综合运势会困守不通。在上述的方位区块位置内摆设植栽，再用一盏电灯（投射灯）投射，就可以破解大门或床铺正值流年的死气。

第三运 的风水流年开运布局

东南 死气	南 煞气	西南 退气
东 生气	中宫 第三运	西 死气 都天五黄
东北 煞气	北 死气	西北 旺气

“东方”是生气位
“西北”是旺气位

“东方”是生气位，“西北”是旺气位，摆有流水、活水或饮用水（包括养鱼），可以让生气、旺气的能量加强，带动流年的兴旺能量。如果厨房或浴厕，坐落在东方、西北的区块里，是生气、旺气位，该年的财运（生气）、事业运（旺气）将易出现损害。在厨房或浴厕的地方摆有流水、活水或饮用水（包括养鱼），都可以破解厨房或浴厕压制到流年的生气、旺气。

“南方、东北”是煞气位

如果大门坐落在该区块里，该年的事业运容易面临重挫，如果床位坐落在该区块里，该年的个人综合运势会出现逆境。在上述的方位区块位置内摆有流水、活水或饮用水（包括养鱼），都可以破解大门或床铺正值流年的煞气。

如果厨房或浴厕，坐落在南方、东北的区块里，或是坐落在北方、西方、东南的区块里，或是坐落在西南的区块里，都可因为厨房、浴厕的关系，抑制流年的凶气能量，无需做任何破解。

“西南”是退气位

如果大门坐落在该区块里，该年的事业运易衰退，如果床位坐落在该区块里，该年的个人综合运势会走下坡路。在上述的方位区块位置内摆设水耕植物，都可以破解大门或床铺正值流年的退气。

“北方、西方、东南”是死气位

如果大门或床位坐落在该区块里，该年的事业运或个人综合运势会困守不通。在上述的方位区块位置内摆设土耕植栽，或用金属（铜制品尤佳）容器来装设流水、活水或有养鱼的摆设，都可以破解大门或床铺正值流年的死气。

第四运 的风水流年开运布局

“西南”是生气位
“东南”是旺气位

东南 旺气	南 死气	西南 生气
东 死气	中宫 第四运	西 煞气
东北 煞气	北 退气	西北 都天五黄 死气

这两个方位摆有流水、活水或饮用水（包括养鱼），可以让生气、旺气的能量加强，带动流年的兴旺能量。如果厨房或浴厕，坐落在西南、东南的区块里，该年的财运（生气）、事业运（旺气），将易出现损害。在厨房或浴厕的地方摆有流水、活水或饮用水（包括养鱼），都可以破解厨房或浴厕压制到流年的生气、旺气。

“西方、东北”是煞气位

如果大门坐落在该区块里，该年的事业运容易面临重挫，如果床位坐落在该区块里，该年的个人综合运势会出现逆境。上述的方位区块位置内在摆有流水、活水或饮用水（包括养鱼），都可以破解大门或床铺正值流年的煞气。

如果厨房或浴厕，坐落在西方、东北的区块里，是煞气位；或是坐落在西北、东方、南方的区块里，或是坐落在北方的区块里，都可因为厨房、浴厕的关系，抑制流年的凶气能量，无需做任何破解。

“北方”是退气位

如果大门坐落在该区块里，该年的事业运易衰退，如果床位坐落在该区块里，该年的个人综合运势会走下坡路。在上述的方位区块位置内摆设水耕植物，都可以破解大门或床铺正值流年的退气。

“西北、东方、南方”是死气位

如果大门或床位坐落在该区块里，该年的事业运或个人综合运势会困守不通。在上述的方位区块位置内摆设土耕植栽，或用金属（铜制品尤佳）容器来装设流水、活水或有养鱼的摆设，都可以破解大门或床铺正值流年的死气。

第五运 的风水流年开运布局

“南方”是生气位
“西南、东北”是旺气位

这三个方位装设电灯（投射灯），或会发出光亮温度的物器，可以让生气、旺气的能量加强，带动流年的兴旺能量。如果厨房或浴厕，坐落在南方、西南、东北的区块里，该年的财运（生气）、事业运（旺气）将易出现损害。在厨房或浴厕的地方加强装设电灯（投射灯）、除湿，都可以破解厨房或浴厕压制到流年的生气、旺气。

东南 煞气	南 生气	西南 旺气
东 煞气	中宫 第五运 都天五黄	西 退气
东北 旺气	北 死气	西北 北退气

“东方、东南”是煞气位

如果大门坐落在该区块里，该年的事业运容易面临重挫，如果床位坐落在该区块里，该年的个人综合运势会出现逆境。在门上的天花板或门旁，在床头的附近装设或加强电灯（投射灯），都可以破解大门或床铺正值流年的煞气。

如果厨房或浴厕，坐落在东方、东南的区块里，或是坐落在北方的区块里，或是坐落在西方、西北的区块里，都可因为厨房、浴厕的关系，抑制流年的凶气能量，无需做任何破解。

“西方、西北”是退气位

如果大门坐落在该区块里，该年的事业运易衰退，如果床位坐落在该区块里，该年的个人综合运势会走下坡路。在上述的方位区块位置内摆设水晶或矿石，再用一盏电灯（投射灯）投射水晶或矿石，就可以破解大门或床铺正值流年的退气。

“北方”是死气位

如果大门或床位坐落在该区块里，该年的事业运或个人综合运势会困守不通。在上述的方位区块位置内摆设植栽，再用一盏电灯（投射灯）投射，就可以破解大门或床铺正值流年的死气。

第六运的风水流年开运布局

“北方、西方”是生气位
“西北”是旺气位

这两个方位摆设水晶（矿石），可以让生气、旺气的能量加强，带动流年的兴旺能量。如果厨房或浴厕，坐落在北方、西方、西北的区块里，该年的财运（生气）、事业运（旺气）将易出现损害。在厨房或浴厕的地方摆设水晶（矿石），都可以破解厨房或浴厕压制到流年的生气、旺气。

东南 生气 都天五黄	南 退气	西南 死气
东 死气	中宫 第六运	西 生气
东北 煞气	北 生气	西北 旺气

“东北”是煞气位

如果大门坐落在该区块里，该年的事业运容易面临重挫，如果床位坐落在该区块里，该年的个人综合运势会出现逆境。在上述的方位区块位置内摆设水晶（矿石），就可以破解大门或床铺正值流年的煞气。

“南方”是退气位

如果大门坐落在该区块里，该年的事业运易衰退，如果床位坐落在该区块里，该年的个人综合运势会走下坡路。在上述的方位区块位置内摆设水晶（矿石），再加铜制的摆设品，就可以破解大门或床铺正值流年的退气。

如果厨房或浴厕，坐落在东北的区块里，或是坐落在东方、西南的区块里，或是坐落在南方的区块里，都可因为厨房、浴厕的关系，抑制流年的凶气能量，无需做任何破解。

“东方、西南”是死气位

如果大门或床位坐落在该区块里，该年的事业运或个人综合运势会困守不通。在上述的方位区块位置内摆设土耕植栽，或用金属（铜制品尤佳）容器来装设流水、活水或有养鱼的摆设，都可以破解大门或床铺正值流年的死气。

第七运 的风水流年开运布局

“南方、西北”是生气位

“东南”是旺气位

这几个方位摆设水晶（矿石），可以让生气、旺气的能量加强，带动流年的兴旺能量。如果厨房或浴厕，坐落在南方、西北、东南的区块里，该年的财运（生气）、事业运（旺气）将易出现损害。在厨房或浴厕的地方摆设水晶（矿石），就可以破解厨房或浴厕压制到流年的生气、旺气。

东南 旺气	南 生气	西南 死气
东 生气 都天五黄	中宫 第七运	西 煞气
东北 退气	北 死气	西北 生气

“西方”是煞气位

如果大门坐落在该区块里，该年的事业运容易面临重挫，如果床位坐落在该区块里，该年的个人综合运势会出现逆境。在上述的方位区块位置内摆设水晶（矿石），就可以破解大门或床铺正值流年的煞气。

“东北”是退气位

如果大门坐落在该区块里，该年的事业运易衰退，如果床位坐落在该区块里，该年的个人综合运势会走下坡路。在上述的方位区块位置内摆设水晶（矿石），再加铜制的摆设品，就可以破解大门或床铺正值流年的退气。

“北方、西南”是死气位

如果大门或床位坐落在该区块里，该年的事业运或个人综合运势会困守不通。在上述的方位区块位置内摆设土耕植栽，或用金属（铜制品尤佳）容器来装设流水、活水或有养鱼的摆设，都可以破解大门或床铺正值流年的死气。 如果厨房或浴厕，坐落在东方的区块里，或是坐落在北方、西南的区块里，或是坐落在东北的区块里，都可因为厨房、浴厕的关系，抑制流年的凶气能量，无需做任何破解。

第八运的风水流年开运布局

“西北”是生气位
“东北”是旺气位

这两个方位装设电灯（投射灯），或会发出光亮温度的物器，可以让生气、旺气的能量加强，带动流年的兴旺能量。

如果厨房或浴厕，坐落在西北、东北的区块里，该年的财运（生气）、事业运（旺气）将易出现损害。在厨房或浴厕的地方加强装设电灯（投射灯）、除湿，都可以破解厨房或浴厕压制到流年的生气、旺气。

东南 退气	南 煞气	西南 旺气 都天五黄
东 退气	中宫 第八运	西 死气
东北 旺气	北 煞气	西北 生气

“南方、北方”是煞气位

如果大门坐落在该区块里，该年的事业运容易面临重挫，如果床位坐落在该区块里，该年的个人综合运势会出现逆境。在门上的天花板或门旁，在床头的附近装设或加强电灯（投射灯），都可以破解大门或床铺正值流年的煞气。

如果厨房或浴厕，坐落在南方、北方的区块里，或是坐落在西方的区块里，或是坐落在东方、东南的区块里，都可因为厨房、浴厕的关系，抑制流年的凶气能量，无需做任何破解。

“东方、东南”是退气位

如果大门坐落在该区块里，该年的事业运易衰退，如果床位坐落在该区块里，该年的个人综合运势会走下坡路。在上述的方位区块位置内摆设水晶或矿石，再用一盏电灯（投射灯）投射水晶或矿石，就可以破解大门或床铺正值流年的退气。

“西方”是死气位

如果大门或床位坐落在该区块里，该年的事业运或个人综合运势会困守不通。在上述的方位区块位置内摆设植栽，再用一盏电灯（投射灯）投射，就可以破解大门或床铺正值流年的死气。

第九运的风水流年开运布局

“东北、南方”是生气位

这两个方位摆设土耕植栽，可以让生气的能量加强，带动流年的兴旺能量。

如果厨房或浴厕，坐落在东北、南方的区块里，该年的财运（生气）、事业运（旺气）将易出现损害。在厨房或浴厕的地方摆设土耕植栽，可以破解厨房或浴厕压制到流年的生气。

东南 退气	南 生气	西南 死气
东 死气	中宫 第九运	西 退气
东北 生气	北 退气 都天五黄	西北 煞气

“西北”是煞气位

如果大门坐落在该区块里，该年的事业运容易面临重挫，如果床位坐落在该区块里，该年的个人综合运势会出现逆境。在上述的方位区块位置里摆设土耕植栽，可以破解大门或床铺正值流年的煞气。

如果厨房或浴厕，坐落在西北的区块里，或是坐落在东方、西南的区块里，或是坐落在北方、西方、东南的区块里，都可因为厨房、浴厕的关系，抑制流年的凶气能量，无需做任何破解。

“西方、北方、东南”是退气位

如果大门坐落在该区块里，该年的事业运易衰退，如果床位坐落在该区块里，该年的个人综合运势会走下坡路。在上述的方位区块位置内摆设土耕植栽，或摆设水晶或矿石，再用一盏电灯（投射灯）投射水晶或矿石，都可以破解大门或床铺正值流年的退气。

“东方、西南”是死气位

如果大门或床位坐落在该区块里，该年的事业运或个人综合运势会困守不通。在上述的方位区块空间内摆设水耕植栽，可以破解大门或床铺正值流年的死气。

图书在版编目（CIP）数据

宅运之小户型／蔡上机著.—北京：中国画报出版社，
2008.10
ISBN 978-7-80220-344-0

Ⅰ.宅… Ⅱ.蔡… Ⅲ.住宅－室内布置
Ⅳ.J525.1
中国版本图书馆CIP数据核字（2008）第159754号

作　　者：蔡上机
特约编辑：格　格
装帧设计：风　筝

宅运之小户型
出 版 人：田　辉
责任编辑：齐丽华
出版发行：中国画报出版社
（中国北京市海淀区车公庄西路33号，邮编：100044）
电　　话：88417359、68469781（发行部）
印　　刷：北京京都六环印刷厂
监　　印：敖　晔
经　　销：新华书店
开　　本：787×1092mm 1/16
印　　张：15
字　　数：100千字
版　　次：2008年11月第1版第1次印刷
书　　号：ISBN 978-7-80220-344-0
定　　价：36.00元

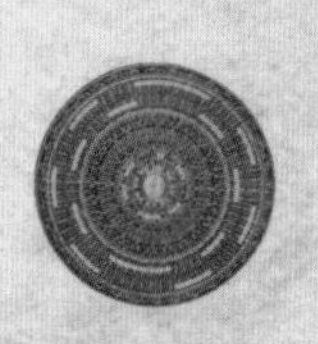